# 社会养老服务体系建设的理论与实践研究

王国豪　宫尚群◎著

文化发展出版社
Cultural Development Press
·北京·

## 图书在版编目（CIP）数据

社会养老服务体系建设的理论与实践研究 / 王国豪，宫尚群著．— 北京 ：文化发展出版社，2023.10
ISBN 978-7-5142-4134-1

Ⅰ．①社… Ⅱ．①王… ②宫… Ⅲ．①养老－社会服务－研究－中国 Ⅳ．① D669.6

中国国家版本馆 CIP 数据核字 (2023) 第 208756 号

# 社会养老服务体系建设的理论与实践研究

王国豪　宫尚群　著

---

出 版 人：宋　娜
责任编辑：侯　娜　　　　　责任校对：岳智勇
责任印制：邓辉明　　　　　封面设计：守正文化
出版发行：文化发展出版社（北京市翠微路 2 号 邮编：100036）
网　　址：www.wenhuafazhan.com
经　　销：全国新华书店
印　　刷：天津和萱印刷有限公司

---

开　　本：710mm × 1000mm　1/16
字　　数：210 千字
印　　张：11.75
版　　次：2024 年 3 月第 1 版
印　　次：2024 年 3 月第 1 次印刷

---

定　　价：72.00 元
I S B N：978-7-5142-4134-1

---

◆ 如有印装质量问题，请电话联系：010-58484999

# 作者简介

**王国豪**　女，1989.08，汉，山西汾阳人，唐山工业职业技术学院，讲师，硕士，研究方向为养老服务，从事智慧健康养老服务与管理专业教学，多次指导学生参加养老服务技能竞赛。

**宫尚群**　女，1992.02，汉，山东德州人，唐山工业职业技术学院，讲师，硕士，研究方向为养老服务，从事智慧健康养老服务与管理专业教学，主要讲授老年人生活照护、老年基础护理、老年康复护理等课程。多次指导学生参加养老服务、健康与社会照护各级技能竞赛，获得河北省技术能手荣誉称号。

# 前　　言

随着社会经济的不断变革和发展，中国正处在社会转型和人口转型的关键时期。人口生育率持续走低，并持续处在更替水平之下；公共服务体系的持续稳定运转及医疗技术水平的稳步提升使得人口的预期寿命不断提升，上述因素直接导致我国人口老龄化程度不断加深。同时，家庭规模不断缩小，独居的老年人越来越多，传统模式下养老关系和代际关系受到较为强烈的冲击，这些都使得家庭生活中的老年人面临着较多的现实问题。老年人的家庭养老资源日益减少。为了应对现代化进程中出现的这一系列变化，中国政府和社会日益重视家庭以外的其他社会养老资源，并将其引入老年人家庭，以弥补家庭养老功能弱化带来的不利影响。与对老年人的经济支持和情感交流相比较，因为受到传递的空间距离的限制，家庭养老功能弱化更多地体现为老年人日常照料和其他养老服务的减少，因此迫切需要从家庭以外的其他渠道引入养老服务资源。

社会养老服务体系建设工作是提高老年人生活幸福度和生活品质的重要手段，也是人口老龄化应对的必然要求。近年来，中国全面推进了居家养老工作，建立了社区养老网络，推动了养老机构的建设和完善，取得了令人欣喜的成绩。但目前社会养老服务推进过程中依旧存在一些问题，如空巢老人、高龄老人、半失能和失能老人的数量与日俱增，养老需求也随着社会发展不断多样化，在养老服务体系构建方面还不能完全贴合社会发展新需求和新形势。为了更好地符合老年人的养老需要，更好地贴合新时代、新形势的发展变化，中国需要加强对社会养老服务体系的构建和完善。由于在这一方面可供学习和借鉴的经验较少。因此，必须研究和分析社会化养老服务体系，为后续提养老服务体系建设奠定良好的基础。

本书第一章为人口老龄化概述，分别介绍了我国人口老龄化现状及发展趋势，我国人口老龄化面临的主要问题和特点，老年人养老方式的选择，我国养老机构、养老市场及养老产业的发展，我国应对人口老龄化的措施；第二章为社会养老服务体系的建设概况，分别介绍了社会养老服务体系基本概念的界定，社会养老服务体系的相关概念及理论基础，社会养老服务体系建设的意义与目标、原则，我国社会养老服务体系建设的发展历程，我国社会养老服务体系建设发展的成效与问题，我国社会养老服务体系建设的保障措施；第三章讲述了传统养老服务的理论与实践，主要介绍了传统意义上的家庭养老简述、传统养老保障制度下的社会基础、传统养老保障理论和实践论述；第四章讲述了社会养老服务体系的实践应用，分别介绍了养老模式转变与养老社会化、我国社会养老服务的探索实践、我国社会养老服务的优势需求、国外养老服务体系的启示借鉴、医养与养老服务机构的结合；第五章讲述了社会养老服务体系的优化路径，分别介绍了依据长期护理保险保障基本养老服务、以供给侧结构性改革推动养老体系发展、加快职业教育养老服务人才培养、完善养老模式、建设宜居环境、大力推进智慧养老发展。

在撰写本书的过程中，笔者得到了许多专家、学者的帮助和指导，参考了大量的学术文献，在此表示真诚的感谢！

由于笔者水平有限，加之时间仓促，本书难免存在疏漏之处，在此恳请同行专家和读者朋友批评指正！

王国豪

2023 年 4 月

# 目　　录

# 第一章　人口老龄化概述

这一章节详细描述了人口老龄化的基本情况，并从多个角度深入探讨了我国人口老龄化的当前状况和未来发展方向。同时，也分析了我国在面对人口老龄化问题时所遭遇的主要挑战和特性，以及如何选择适合老年人的养老方式。此外，还讨论了我国养老机构、养老市场和养老产业的未来发展趋势，并提出了一系列应对人口老龄化问题的具体措施。

## 第一节　我国人口老龄化现状及发展趋势

### 一、关于人口老龄化的相关简述

人口老龄化是 21 世纪人类面临的重大课题。科学分析人口老龄化对经济社会发展产生的影响，有助于采取正确措施促进人类的代际和谐和可持续发展。

那么什么是人口老龄化呢？通常人们对此的理解为老年人数量增多、规模变大、增长加快，老年人口数量在整个社会中所占的比重不断增多。但从严格意义上来讲，人口老龄化实际是统计学概念，主要是指年长人口不断增多、年轻人口不断减少而导致老年人口在总人口中所占的比例不断增长的动态化过程。理解这一定义，需要从以下方面入手。

#### （一）关于“老年人”的定义

老年人主要是指生理年龄达到或超过老年年龄的人，目前世界上关于老年年龄这一概念的界定主要有两个说法，分别是 60 岁和 65 岁。通常，发达国家大多将 65 岁作为老年年龄界限，将超过这一界限的人群定义为老年人，而在发展中国家，尤其是亚太等地区，则是将 60 岁作为老年年龄的划分界限，将超过这一年龄的人群定义为老年人。这一说法也获得了世界卫生组织的认可。1956年，联合国委托法国著名人口学家研究并撰写了《人口老龄化及其社会经济影响》，在这本书中将65岁作为老年年龄界限，获得了发达国家的普遍认同。1982年，联合国组织开展“老龄问题世界大会”，充分考虑各国实际情况，结合发展中国家的基本国情和社会现实，规定60岁及以上老年人口。我国也以60周岁作为老年年龄的界定标准。

### （二）老年人的年龄划分

根据人的生理机能、心理状态和角色不同，老年年龄可分为生理年龄、心理年龄、社会年龄。这几个概念是有交叉的，有的人生理年龄超过了60岁，但心理年龄却很年轻，有的还承担着重要的社会角色。但在一般场合，老年人都指生理年龄。由于社会的进步和医疗条件、营养条件的改善，个体进入老年后，仍然表现出不同的生活和精神状态。世界卫生组织据此又将老年人的年龄界限做了新的划分：超过60岁低于74岁可以被称为年轻老人，超过74岁不高于89岁被称为老年人，而90岁以上则被称为长寿老年人或较老的老年人。在中国民间，认为超过半百即进入老年阶段，并有六十花甲、七十古稀、八十为耋、九十为耄的说法对不同老年阶段进行阐述。

### （三）社会老龄化评判指标

老年人在总人口中所占的比重是判断一个国家和社会是否进入老龄化的评判指标。1971年，美国人口普查局出版了《人口学方法与资料》，在这一材料中以65岁作为老年年龄的界限，超过这一年龄的人口在总人口中所占的比重低于5%的即为年轻型人口，高于5%低于10%的为成年型人口，高于10%的则为老年型人口。当前，使用最为广泛、备受认可的划分方式为联合国发布的方法，若65岁以上人口的占比超过7%即为“老龄化社会”，14%以上为“老龄社会”，超过20%为“超老龄社会”[①]。法国是最早进入老龄社会的国家，早在1851年就已跨入了老龄社会。40年后，挪威、瑞典也相继进入老龄社会。第一次世界大战后，爱尔兰、德国、英国也相继跨入了老龄社会。第二次世界大战后，瑞士、美国等国

① 澎湃新闻．人口专家：中国正式步入老龄社会社会发展将产生六大变化[EB/OL].(2022-01-18) [2023-03-23].https://www.thepaper.cn/newsDetail_forward_16335172.

家也迈入了老龄化社会。但 20 世纪 90 年代，发达国家中绝大多数都已经进入了老龄社会的行列。

**（四）个体与人口的老龄化**

每个个体出生后，都要经历生长、发育、成熟、衰老、死亡等阶段，它受生物学规律制约，具有不可逆性，这就是个体老龄化。而个体老龄化是人口老龄化的前提和基础，没有越来越多的人成为老年人就谈不上人口老龄化。

个体老龄化和人口老龄化既有联系又有区别。很早以前，人类就对个体老龄化现象有所认识，知道人都有出生、成长、死亡的过程。我国古代称老年人为斑白、黄发、暮齿、耄耋等。这些都是对老年人的称谓。而对于人口老龄化，则是到了现代社会才逐步认识到的，它建立在人口统计学基础上。真正从理论上揭示人口老龄化的历史，距今不过半个世纪。个体老龄化可以用个体老化来表明个体衰老是相对客观的过程，但人口老龄化却不能简单地理解为人口老化，也不能直接等同为社会老龄化。一方面，由于个体老龄化是通过日历年龄来进行阐述和表达的，时间是直接决定因素，随着时间的推移，人的年龄会相应增大。但人口老龄化却是指老年人口在总人口中所占的比重增大或人口的平均年龄增大，人口老龄化程度和时间的发展变化并不是完全同步的。另一方面，个体老龄化是以心理年龄和生理年龄作为参照系数，尽管每个个体不完全相同，但总体上随着时间的推移，个体的生理年龄和心理年龄必定向衰老（老化）发展，这一过程是渐进的、单向的、不可逆转的。而人口老龄化没有参照系，它受制于社会经济发展水平，而不是单向的，可以向进一步老龄化发展，在一定条件下，如生育政策变化、生育观念也可以逆转为人口年轻化。此外，个体老龄化是符合生物规律的正常现象，是出生、生长、衰老、死亡的发展过程。而在人口老龄化中，生物学规律是在一定环境影响下对个人增龄过程起到间接作用，不会因为个人的衰老而消失或死亡。人口老龄化是指老年人口在总人口中所占的比重增大或总人口的平均年龄增加，并不是指社会或人口的衰老。老年人数量增大、规模扩大也并不意味着老年人所占的比重增大，不能直接等同为人口老龄化。社会是人口的共同体，只会不断发展，并不会衰亡，只是某种社会形态不符合社会发展需要而遭到淘汰，社会并不会因此而消失或灭亡。

## 二、我国人口老龄化的现状

### （一）老年人口的数量

国家统计局公布数据表明，我国 2022 年末 60 岁及以上人口有 28 004 万人，在总人口中的比重达到 19.8%，65 岁及以上人口已经达到 20 978 万人，在总人口中所占的比重达到 14.9%。[①]2000 年，我国 65 岁及以上人口占总人口的比重达到 7%，我国进入了老龄化社会。2000 年以后，我国老年人口数量和在总人口中所占的比重持续走高，老龄化程度不断加深。2020 年第七次全国人口普查数据表明，在我国 60 岁及以上人口数量约为 2.64 亿，在总人口的比重达到了 18.7%，其中 65 岁及以上老年人口数量达到了 1.91 亿，在总人口中所占的比重为 13.5%。与 2010 年所开展的第六次全国人口普查相比，60 岁及以上人口数量在总人口中所占的比重提高了 5.44%，65 岁及以上人口数量在总人口中的比重提高了 4.63%。在十 10 年的时间内，60 岁及以上人口数量增加较为明显，在总人口中所占的比重也提升得较为明显。但在 2000 年到 2010 年，老年人口数量只增加了 4767 万，在总人口中所占的比重只提升了 3.23%。从数据分析来看，中国的老年人口总数和在总人口中所占的比重增长迅速，老龄化程度不断加深。

2021 年中国 65 岁及以上人口在总人口中所占的比重已经超过 14%，正式标志着中国由老龄化社会进入了老龄社会的新阶段。在国际社会中，往往将 65 岁及以上人口在总人口中所占比重超过 7% 或 60 岁及以上人口在总人口中所占的比重超过 10% 的指标，作为一个社会进入老龄化社会的重要参考因素和标志，而将超过 14% 作为进入老龄社会的重要参考因素和标志，超过 20% 则是超老龄社会的重要参考因素和标志。对于中国当前所处的人口老龄化的阶段和现状而言，早在 2000 年中国已经迈入了老龄化社会，在 2021 年正式迈入了老龄社会，预计将在 2031 年跨入超老龄社会。

老年人口数量的不断增多和比重的不断提升对中国社会保障制度提出了更高要求和标准，提升了制度覆盖的艰巨性和复杂性。1990 年到 2000 年，我国 60 岁及以上老年人口数量增加了 3446 万，2000 年到 2010 年，老年人口数量增加了

① 国家统计局：《中华人民共和国 2022 年国民经济和社会发展统计公报》，国家统计局官网，2023 年 2 月 28 日。

4600万，2010年到2020年则增长了8637万。通过增长规模可以发现，老年人口增长迅速。预计2020年到2030年，老年人口的增长数量将达到1.2亿，老年人口总量也将超过4亿。这10年是老年人口增长速度最快的时期，也是对社会保障体系提出更高要求和挑战的重要时期。

老龄化问题和养老问题是社会主义现代化强国在建设过程中所面临的战略性、长期性和全局性的问题，也是影响国家发展效率和质量的重要因素，目前人口发展已经进入了关键转变期：人口总量不增反减，人口老龄化进入了新阶段，社会养老所面临的负担超过养育孩子的负担，中国逐渐由人力资源大国向人才资源大国转变。2021年末，中国60岁及以上人口数量已经超过了15岁以下的少儿数量，16～59岁的劳动年龄人口中接受过高等教育的数量已经远远多于2亿。在上述发展背景和环境下，社会和国家相关部门需要对中国老龄化的全新特点进行重新审视，要充分重视和开展人才强国战略。

### （二）老年人口的性别比例

在构建和发展社会保障体系的过程中，由于退休制度、工作经历、教育背景等方面的影响，女性养老保障和男性养老保障存在着较为明显的差异，因此需要加强对老年人口中性别比例的了解和分析。总体来看，老年人口中女性数量要略高于男性数量，男女性别比例在1990—2020年间也呈现着先上升后下降的整体发展变化趋势，在60岁及以上人口数量中，女性有13 664万，男性有12 738万，女性的人口数量要略高于男性人口数量。女性人口占比约为51.75%，男性人口占比约为 48.25%，女性人口比例要比男性人口比例高3.50%，性别比为93.22。2000年，老年人口性别比为95.17，2010年老年人口的性别比为96.12，2020年老年人口的性别比为93.22，整体呈现着先升后降的发展趋势。

### （三）老年人口高龄化

当前中国老年人口中占主要比例的为60～69岁这一区间的老年人，但80岁及以上的老年人口数量也在不断增长，所占比重不断提升。2020年老年人口的年龄占比中，80岁及以上的老年人口占比为13.56%，70～79岁的老年人所占比例为30.61%，60～69岁的老年人口所占的比例为55.83%。由于人口出生队列波动的实际影响，在60～69岁的低龄老年人中，65岁以上的人口数为7400万，60

岁以上65岁以下的人口数为7338万，低龄老人的总数达1.47亿。这部分低龄老人在老年人总数中所占的比重十分可观，且身体相对较为健康，接受教育程度也相对较高，是老年教育和老年社会参与的重要力量。

与2000年和2010年人口普查结果相比，2020年60～69岁的老年人占比有所降低，70～79岁的老年人占比相较于2010年有所降低，但80岁及以上老年人所占比重却逐渐增高（表1-1-1）。这表明，高龄老年人口规模不断扩大，趋势不断加深。2020年80岁及以上老年人口总数甚至已经超过3580万，与2010年相比增长了近1500万，增长比例高达70%，创历史新高。

表1-1-1　2000—2020年中国老年人口年龄构成状况（%）

| 年龄组 | 60～69岁 | 70～79岁 | 80岁及以上 | 合计 |
|---|---|---|---|---|
| 2020年 | 55.83 | 30.61 | 13.56 | 100 |
| 2010年 | 56.18 | 32.00 | 11.82 | 100 |
| 2000年 | 58.84 | 31.93 | 9.23 | 100 |

资料来源：2000年数据引自国家统计局网站统计数据中的普查数据部分，2010年数据根据第六次全国人口普查汇总数据计算而来；2020年数据根据国务院第七次全国人口普查领导小组办公室所编《中国人口普查年鉴（2020）》数据计算而得。

2020年90岁及以上的老年人口数达到459.1万人，比上一次人口普查中该年龄阶段的人口数增长了一倍多，平均每年增加26万人。2000年，该年龄阶段人口数为97.1万，2010年为198.4万，相较于2000年，平均每一年增加了10万人。通过这些数据可以发现，90岁及以上的老年人口总数也呈现着快速增长的趋势。

百岁老人数量的急剧增长在一定程度上也体现着中国人口的长寿水平。2020年，百岁老人有118 866人，其中女性为83 737人，男性为35 129人，这也是中国第一次成为世界百岁老人数量最多的国家。由于百岁老人规模和数量的增大，使得长寿水平进入了新的发展阶段。随着人口老龄化和经济水平的不断发展变化，在2010年到2020年，百岁老人规模和数量实现了跨越式增长，数量也从3.6万激增到11.9万，占比由2.7%激增到8.43%（图1-1-1）。

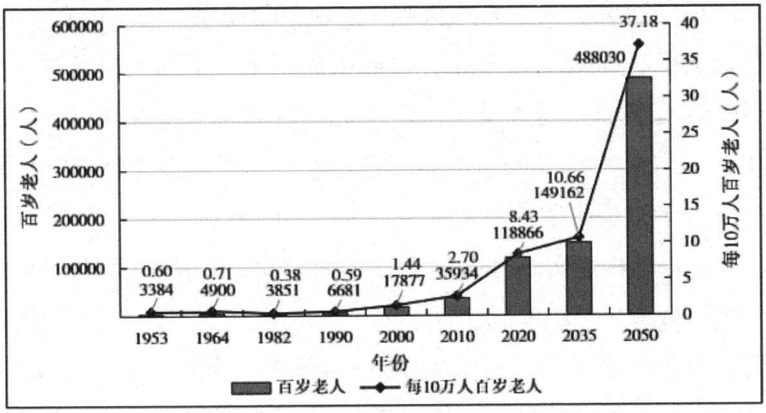


**图 1-1-1　1953—2050 年中国百岁老人数量及占比发展变化**

资料来源：1953—2020 年历次人口普查数据；2035 年和 2050 年数据引自联合国经济和社会事务部发布的《世界人口展望 2022》。

在国际对比层面，中国已经超越了美国和日本成为世界上拥有百岁老人数量最多的国家。根据联合国《世界人口展望 2022》中所提供的数据，在 2020 年全世界所拥有的百岁老人数量为 54.7 万，中国所拥有的百岁老人数量占 1/5。在 2020 年前，美国是世界上拥有百岁老人数量最多的国家，据美国统计局的相关数据分析，美国在 2020 年拥有超 10 万人的百岁老人，日本同样也是长寿大国，2020 年拥有 7.95 万百岁老人，2022 年百岁老人数量突破了 9 万人，已经做到了连续 52 年增长。

## 三、我国人口老龄化的发展趋势

通过查阅相关资料，笔者对中国老龄化发展情况和人口数量在未来 80 年的发展情况进行了预测。主要结论如下。

第一，中国人口发展正经历历史性的重大转折。2021 年是人口峰值时期，人口总数的增长由正向增长转化为负向增长。人口负增长的出现主要是由于低生育率和人口转变所导致，生育率的下降速度在一定程度上影响了人口负增长的速度。现今婚恋观念的发展变化使得生育率不断下降，人口负增长到来的年份相较于预测提前了 5～10 年，人口峰值也较预测相对较低，大约少 1000～4000 万。

第二，1990 年以来，由于人口负增长惯性不断增强，中国很有可能会成为人口负增长经历时间最快的国家。根据预测结果，中国人口总数在 2035 年将下降到 14.01 亿，2050 年将下降到 13.17 亿，2100 年将下降到 7.71 亿。[①] 未来 80 年的发展时间内，人口总数将减少 6 亿左右。从目前到 2050 年，中国人口将减少 1 亿，2050 年以后中国人口基本上每 10 年减少 1 亿。

第三，在人口结构中，负增长主要是从低年龄组开始，逐渐延伸并波及高年龄组。少儿的人口总数最先开始出现下降，其次是劳动年龄人口总数，最后是老年人口总数。劳动年龄人口自 2013 年就开始出现下降趋势，2030 年前下降速度相对较为平缓，之后将下降最为迅速，直至下降到 9 亿后，每 10 年将减少 1 亿，到 2035 年将下降到 9.1 亿，2050 年将下降到 7.5 亿，2100 年则将下降到 4 亿。由此，劳动年龄人口总数在总人口中的比重将迅速下降，2020 年占比为 70% 左右，21 世纪末将不足一半。

第四，人口负增长的发展和变化将进一步带动人口老龄化的发展变化，两者相互促进、相互影响。中国也将成为人口老龄化发展速度最快的国家，未来 30 年内将持续快速迈入重度老龄化及深度老龄化阶段。

中国人口老龄化趋势及负增长状态，将呈波浪式不断推进和增强。在此发展环境下，将面临快负快老的状态，想要更好面对这一状态就必须加强对经济、人口、社会等多方面的制度革新，以更好地面对人口负增长情况。根据国际经验，许多具有代表性的国家所出现的人口负增长情况，不论是速度快慢或时间长短，本国经济在最长负增长时域内都没有出现相对较为显著的衰退现象。由于中国地域辽阔、人口总量较多，能够为经济发展争取更长时间，提供更宽广的回旋空间。但当前，中国经济已转向高质量发展，这就要求劳动力产出更加高效，劳动力质量更高。要想有效推动中国经济持续发展，就必然需要庞大的人口规模，必须正视人口总量持续缩减的趋势，对当前及未来人口负增长的形式给予高度重视。

2013 年以来，中国不断对生育政策进行调整，其包容性不断增强，目前所实施的三孩政策已经能够满足大多数夫妇在生育方面的需求和愿望。但纵观两孩政策所产生的实际效应，只靠生育政策的放宽和调整是远远不够的，想要有效控

① 国家信息中心．我国人口走势及在全球格局中的变化[R/OL].（2023-01-28）[2023-03-09]. http://xxzx.fujian.gov.cn/xxhjs/xxhdt/202301/t20230128_6098587.htm.

制生育率，还需要制定和出台与生育政策相匹配、相契合的社会经济政策体系。2021年7月出台的《中共中央 国务院关于优化生育政策促进人口长期均衡发展的决定》中，已经制定了相对较为详细科学的政策和措施，需要积极推动该决定的实施和落地，应当构建更加科学合理的社会环境和制度体系，从而推动人口长期稳定发展。

## 第二节 我国人口老龄化面临的主要问题和特点

### 一、人口老龄化面临的问题

改革开放以后，国家出台了相关政策和法律法规，用以维护老年人的合法权益，加强思想教育，树立尊老爱幼的风尚，基本建立了医疗、养老等保障制度，推动了老年文化、卫生、体育、福利、教育等相关事业的发展，也不断提升了老年人生活幸福感，提升其生活品质和水平。但当前老龄服务工作基础相较而言还存在较多薄弱环节，不能更好地满足现阶段人口老龄化的实际需求。主要问题如下。

一是人口老龄化的认知还相对不足。我国经济虽然已经取得了较大的进步和发展，但不可否认的是目前经济还不够发达，在这种情况下迈入老龄社会，应对人口老龄化问题的经济实力相对较为薄弱，导致老年服务设施、社区管理工作等还存在不足，面临的整体形势比较严峻。

二是养老保障体系还不够科学和完善。中国的老龄化速度较快，使得抚养结构发生了根本性的转变，已建立的养老保险制度相对较为迟缓，在这种新情况下，更是面临着较大的压力。一方面，领取养老金的人口数量迅速增多，而缴纳养老金的人口数量却迅速减少，使得供需之间的矛盾相对较为突出，用于支付养老金的资金压力相对较大，且呈逐年增加的趋势。另一方面，城乡二元经济结构模式使得养老保险制度的覆盖面相对较窄，只是在城镇落地和实施养老保险制度，而很多农村老年人还没有被纳入社会养老保险体系中。2009年开始，新型农村养老保险制度已经开展试点，进入探索发展阶段，因此加强对这一制度的优化和完善势在必行。

三是医疗保障体制不符合当前的养老新形势。老年人是医疗卫生服务的重要面向人群和消费主体，随着老年人口数量的急剧增长，使得医疗资源的消耗也随之增大。但我国目前的医疗资源相对有限，且呈现分布不平衡的状态，医保制度覆盖面相对较小，政府在医疗资源方面的投入还相对不足，使得个人所负担的费用相对较高，医疗保障体制所面临的压力越来越大。

四是养老服务体系还不够完善。独居老人、病残老人、高龄老人数量越来越多，需要的社会服务也越来越多。

五是社区管理网络不够完善。退休人员越来越多，当这部分人群进入社区后，需要对其进行社会化服务和管理。因此，需要社区积极承担起自身的责任，加强机制建设，完善管理体制，提供更好的服务。比如，加强对老年人的服务和引领，提供更加丰富多元的老年服务项目和活动项目，更好地丰富老年人的养老生活。但当前社区建设还处于起步阶段，服务体系还不够完善，服务水平还相对有限，服务能力还有待提高。

## 二、人口老龄化的特点

与其他国家相比，中国的人口老龄化具有以下主要特征。

第一，老年人口规模大。2019 年底，中国 60 岁及以上老年人口为 2.54 亿，占总人口的 18.1%，是世界上老年人口最多的国家。① 据预测，我国老年人口到 2026 年将达到 3 亿，2037 年将超过 4 亿，2051 年将达到最大值，之后一直维持在 3～4 亿的规模。②

第二，老龄化发展迅速。我国老年人口规模从 2000 年的 8821 万人增加到 2021 年的 2.01 亿人，老年人占总人口的比例为 14.20%。我国是发展中国家中老年人口数量最多、规模最大、老龄化速度最快的国家。

第三，高龄老年人口数量急剧增长。2022 年，我国人均预期寿命达 77.93

① 中国日报网．中国将在2022年左右进入老龄化会 应科学应对[R/OL]．(2020-06-19)[2023-03-12].https://baijiahao.baidu.com/s?id=1669889936161550244&wfr=spider&for=pc.

② 中国经济网．我们这十年|卫健委：预计2035年60岁及以上老年人口突破4亿[EB/OL]．(2022—09—20)[2023—03—23].http://www.ce.cn/cysc/yy/hydt/202209/20/t20220920_38116365.shtml.

岁。[①]高龄老人是老年人总体中增长最快的群体，我国高领老人增长速度很快，在世界层面人口老龄化发展过程中都十分罕见。

第四，失能比例高。随着人口老龄化和老年人口高龄化不断上升，我国失能半失能老人规模及其比例将由2020年的4564万人和17.11%上升到2030年的6953万人和17.44%，至2050年进一步上升到12 606万人和22%。[②]失能半失能老人规模的快速扩大，将引发老年照护服务需求激增，这一比例和发达国家相比是非常高的。

第五，空巢化现象相对较为普遍。随着城市化的不断推进和工业化的不断发展，人口流动不断增强，越来越多的农村青壮年选择到城市打工谋生，使得农村内的独居老人和空巢老人数量不断增多。据全国老龄办统计，2020年我国共有空巢老人家庭7819万个，涉及空巢老人约1.2亿人，空巢老人占我国60岁以上人口的45.1%，其中天津、河北、山西等11省有五成以上的老年人处于空巢状态。

第六，地区发展不够均衡。我国国土面积相对较大，幅员辽阔，人口数量相对较多，地区之间的差异也相对较大。计划生育政策和经济发展状况的影响，使得不同地区之间的老龄化也存在较大差异。我国老龄化发展具有从东向西的区域梯次特征，东部地区经济相对较为发达，老龄化速度也相对较快，西部地区经济相对较为落后，老年人口数量占比也相对较低。

第七，城乡倒置显著。这是中国人口老龄化不同于发达国家的重要特征之一。我国第七次全国人口普查数据显示，最新的人口体量超出14亿水平线，除中国台湾等地区外，到21世纪后半叶，城镇的老龄化水平才将超过农村，并逐渐拉开差距。

第八，老年人口中女性数量要远多于男性。当前老年人中，女性的数量要超过男性约464万，并在接下来很长一段时间内将持续增多，2049年将达到最高值，约2645万的差距；21世纪下半叶，女性老年人比男性老年人多出的数额将相对

① 新华社．我国人均预期寿命提高到77.93岁[EB/OL].（2022-07-05）[2023-03-23]. https://www.gov.cn/xinwen/2022-07/05/content_5699370.htm.

② 国研网．我国人口深度老龄化与老年照护服务需求发展趋势[R/OL]（2022-05-27）[2023-03-10].http://cxxs.hzlib.net/DRCNet.Mirror.Documents.Web/docview.aspx?docid=6409310.

稳定在1700万到1900万左右。[①] 多出来的女性老年人口中大约有50%～70%的老人都属于高龄老人。

第九，老龄化要远超前于现代化。发达国家是在本国基本已经达到现代化的背景下逐步迈入老龄社会的，属于经济发展和老龄化协同发展，而中国则是在经济尚未达到发达状态、尚未达到现代化的背景下超前迈入老龄社会，经济发展水平落后于老龄化水平，对老龄化的应对能力和经济实力还相对不足。究其原因，主要是国家所推行的计划生育政策和人口控制政策在一定程度上导致出生率不断降低，加剧了老龄化的程度。因此，社会对老龄化的承受能力相对较弱，老龄化的发展也会在一定程度上对社会和经济带来较大的冲击。

第十，高龄化和劳动力资源丰富并存。从相关统计数据来看，劳动力短缺和人口老龄化是相互依存、相辅相成的。中国自实行计划生育以来，虽然降低了出生率，但在实施这一政策之前所出生的大量人口目前正处在劳动年龄阶段，因此我国所拥有的劳动力资源相对较为丰富，这一年龄阶段的人口在总人口的比重也较高。这就是“人口红利”。但这一优势也会随着时间的推进而逐渐丧失，特别是在21世纪20年代到50年代，中国将面临劳动人口不足的情况。

## 第三节　老年人养老方式的选择

我国是世界上唯一一个老年人口超过2亿的国家。我国自2000年正式迈入老龄化社会后，我国的老年人口比重持续攀升，截至2021年年底，我国65岁及以上的老年人口增加至2.01亿，老年人口比重突破14%，达到14.2%，我国自此正式进入老龄社会。[②] 数量如此多、规模如此庞大的群体如何养老的问题是需要重点考量的问题。

① 葛君焱．长春市城市老年女性广场舞锻炼者健康体适能测评与分析[D]．长春：吉林体育学院，2014.

② 新浪财经．我国65岁以上人口达2亿，未来五年养老服务如何提速[R/OL]．(2022-02-24) [2023-3-11].https://baijiahao.baidu.com/s?id=1725649918884232075&wfr=spider&for=pc.

## 一、家庭养老

按照养老资源提供者的不同，学术界将养老方式分为自我养老、社会养老、家庭养老；按居住地可分为异地养老、机构养老、公寓养老、居家养老等。受传统观念的深刻影响，使得家庭养老这种粗放型的养老模式成为养老的主流模式，大多是由亲属或子女对老人进行赡养和照顾，养老服务的质量和水平取决于提供养老服务的人所具有的素质以及整个家庭的实际情况。家庭养老模式又被称为“反馈模式”。这种模式具有非常显著的特点和作用：①能够有效推动代际之间的互动和交流，能够提高老人的安全感和归属感。对于每一位老人而言，家庭承载了老人很多的记忆和心血，子女对老人的赡养能够让老人有落叶归根的感受，也能让老人有更强的心理慰藉和情感慰藉。儿女孝顺也成为很多老人在享受晚年生活过程中所具有的精神寄托。②能够有效降低养老的社会成本。实际上，家庭养老是每个家庭承担起了养老的成本，不会过多占用社会资源，在一定程度上减轻了社会养老负担。

## 二、机构养老

机构养老是社会化养老的重要途径和有效方式，具有规模化、社会化和专业化的特点，主要有三种途径：①养老公寓。养老公寓所能提供的服务质量和水平相对较高，种类相对较为丰富，但同时费用也相对较高，非常适合有轻微障碍或生活自理的老人。②养老院。养老院有不同层次水平，分别为低中高三个标准，相应有三种收费层次，同样适合具有轻微障碍或生活自理的老人。③护理院。护理院具有三类收费标准，具备一定的康复功能，适合不能自理或自理能力出现较为严重障碍的老年人。机构养老需要给老年人提供基本的生活照料，包括衣、食、住、行等，也要给老年人提供精神文化、护理与康复、疾病预防等功能和需求。

## 三、居家养老和社区养老

社区养老和居家养老是兼顾社会与家庭的养老模式，居家养老是指在家庭中赡养老人，提供给老人基本的养老资源，是一种非常好的养老模式和途径。具体有6种途径：①需要子女对老人进行照顾赡养。无论老年人自身的自理程度和能力如何，往往需要子女的照顾和赡养。②相互照顾。主要是指空巢老人家庭中，若夫妻双方有一方有自理障碍或双方二人都能做到生活自理，两人可以在家中相互照料。③自我照顾。主要是指空巢一人或两人的家庭中，存在轻微自理障碍或基本可以自理，老年人自身能够照顾好自己。④雇小时工。无论是老年人自理能力高低或何种家庭结构，通过小时工来对老人进行照料。⑤雇保姆。无论老人自理能力高低或何种家庭结构，通过保姆来对老年人进行基本照料。⑥社区照顾。无论老人自理能力高低或何种家庭结构，通过社区来对老人进行统一居家照顾和养老。这几种方式都需要社区发挥自身的作用，提供更有针对性和更好的服务和照顾。

社区养老是从居家养老逐渐过渡为社会养老的有效途径。主要是指老年人在白天可以在家附近的养老院生活，晚上则需要回到各自家中的养老途径，这种模式所需的费用相对较低，比较适合具有轻微障碍或生活自理的老人。

### 四、影响养老方式选择的因素

我国经济转型、社会人口年龄和性别结构的变化和家庭结构小型化、核心化削弱了家庭供养老年人的能力。虽然家庭在照料老年人方面的核心作用在不断减弱，但由于公共福利的不足，家庭仍然是养老的主要来源和支持。子女数的减少及劳动力的流动对老年人的照料提出了严峻的挑战，独居与空巢比例不断增加，老年人与子女同住的比例日益减少，无论城镇还是农村三代同堂已然鲜见。主要影响因素有照护需求程度、照护的质量与服务便捷性、个人经济状况、养老观念等。

## 第四节　我国养老机构、养老市场及养老产业的发展

### 一、我国养老机构的发展

#### （一）养老机构的重要性

1. 养老机构承载着社会化养老服务

养老机构是社会化养老服务的重要载体之一。从国内外的经验来看，社会养老和家庭养老是老年人最主要的两种养老模式，在这两种模式之下，有着不同的

养老方式，正如家庭养老模式中，子女及其家庭成员可以通过不同的方式来为老年人提供养老资源，社会养老模式下也可以有不同的养老方式，既可以集中居住在机构养老，也可以居家购买社会化的养老服务。其中，机构养老作为为老年人集中提供服务的类型，最能代表社会化养老服务的水平。我国的养老机构作为社会福利制度的一部分，最初是由政府提供，政府既是投资主体，也是运营主体。随着社会福利社会化的发展，政府不再是养老机构兴办的唯一主体，社会力量逐渐成为养老机构发展的重要主体。养老机构的投资主体和运营主体开始多元化发展，既有政府，也有企业、社会组织等，公办民营、民办公助等各种模式相继出现。随着市场经济体制的不断建立和健全，政府职能不断发生优化和转变，养老机构的市场化不断推进，机构养老作为养老的重要组成部分，也逐渐朝产业化推进和发展，社会化的程度也逐渐提升。

2. 养老机构的养老服务十分专业

养老机构作为社会化养老服务的重要载体，最大的优势就是专业化。其原因主要在于：养老机构有严格的准入门槛，只有达到一定的标准才能准予开办；养老机构有专业化的设施和设备，如专业的医疗设备、康复设施、日常生活服务设备等；养老机构有经验丰富的专业人才，如具有资质的医生、护士、护理人员、社会工作者、心理咨询师等；养老机构具有规范的服务流程、严格的监管等，这是提高养老机构服务专业化的重要途径和有效措施。特别是在半失能、失能老人的服务和照顾层面，养老机构相对于其他组织或机构而言，具有较为明显的优势，专业性更强，能够提供更好的服务和帮助。特别是随着社会的不断发展和进步，老年人的需求逐渐丰富和多元，养老机构自身的专业能力和水平也不断得到提升。一方面，经济生活的飞速发展能够有效提高老年人自身的收入，同时也会提高老年人对养老服务质量和层次的要求，这势必会导致养老机构必须要结合实际情况和现实需求不断进行服务水平的提升和完善。另一方面，随着养老机构的市场细分程度的增加和精细化发展，其专业水平也会随之大幅提高。以发达国家为例，他们的养老机构都趋向于精细化和专业化方向，这是社会发展和老年人需求层次不断提高对养老机构提出的必然要求。

3. 养老机构能够实现连续的照护服务

养老机构是提供专业化养老服务的重要载体，也是老年人照顾服务连续体的有效途径和重要环节，其主要的面向对象是失智、失能老人。照顾服务连续体主要是指当老年人的自身机能发生衰退的连续性的过程中，为了更好地提供持续性的服务、满足不同阶段老人的需求而产生的专业化服务组合。这个连续体的前端是面向年轻老人提供的各种积极老化援助服务，末端是为即将走完生命历程的垂暮老人提供的临终服务，两端之间由与老年人失能程度及需求相对应的服务环节构成。随着照护服务连续体不断朝末端发展和延伸，其专业化水平越来越高。养老机构作为失智、失能老人的专业化、智能化、社会化服务的有效途径和载体，是照护服务连续体的重要环节和有效途径，着重为连续体的末端群体提供高质量的服务，当然也有一些营利性质的养老服务机构，为了更好地满足健康老年人的丰富性、多元性养老服务需求而提供更具有针对性和更专业化的服务。

### （二）养老机构的作用

1. 满足老年人养老需求

养老机构作为社会化养老服务的一部分，在满足老年人养老需求方面起到重要作用。随着我国人口老龄化的日益加剧，老年人规模迅速扩大，老年人口的高龄化及失能老年人口的持续增加，以及日益小型化的家庭规模和不断弱化的家庭养老功能二者之间的矛盾不断凸显，社会化养老服务需求迫切。特别是在长期照顾护理半失能、失能老人的层面，养老机构与其他机构相比具有更突出的作用。半失能、失能老人在护理、康复、医疗等方面都与其他老人相比有更专业或更高的养老服务需求，需要更专业的服务和专业的设备，这是传统家庭在养老过程中没有办法供给和满足的。养老机构作为专业化的服务组织，具有专业化的设施和设备、较高素质的专业人才（包括医护、护理、心理咨询、社会工作人员等）相对完善的服务内容和标准等优势，可以根据失能、半失能老年人不同的照护需求提供专业化的服务，是满足老年人养老服务需求的重要载体。

2. 弥补居家养老服务的不足

机构服务和居家服务是相互补充、相辅相成、缺一不可的。一方面，养老机构能够为居家养老老人提供辐射性服务，更好补足居家养老在服务过程中存在的问题和不足，满足老人养老需求。如2015年初北京市出台的《北京市居家养老服务条例》中明确规定："鼓励养老机构利用自身资源优势，为周边社区居住在家的老年人提供服务。”另一方面，养老机构还能有效提高社区养老的水平和层次，可以对社区中负责养老的组织或个人进行指导和培训，提高服务水准。社区是养老服务和老年人之间的纽带，既有养老机构等专业性的服务组织，也有其他类组织，机构可以充分发挥自身的作用和优势，提高社区服务人员的专业化能力和水平，加强管理，提高服务水平和质量，更好地满足老年人的养老需求。另外，小型专业化养老机构可以就近建立在社区周边或社区中，承担起为社区老人提供服务的责任。这种在社区周边建立的小型、专业化养老机构，将居家养老和机构养老有机地融合在一起，不仅能满足老年人的养老服务，还能很好地带动和提高居家养老的服务水平。

3. 带来更多的就业机会

当前，我国经济发展进入了新常态，转变经济方式是经济发展的主线，调整经济结构是主攻方向。经济结构中最重要的是产业结构。多年来，我国产业结构虽然逐步趋向协调发展，但第三产业的产值和吸纳的就业仍然偏低。养老服务业作为第三产业的一部分，随着我国社会保障制度的不断完善，老年人收入的不断提高，其发展对于优化经济结构、促进经济发展有重要作用。

机构服务是养老服务的重要组成部分。随着养老服务的不断发展，机构服务的服务对象将逐渐锁定为两大人群，一类人群是失能、半失能人群，对于这类人群来说养老机构服务是刚需，具有不可替代性。随着老龄化的不断加剧，失能、半失能人群的规模会不断增加。另一类人群是收入相对比较高，希望享受到高质量服务的人群，这一类人群随着我国经济的快速发展、小康社会的实现，人数也会越来越多，因此未来老年人对机构服务的多样化需求会不断增多，这能够在一定程度上有效扩大内需，拉动消费，也能在一定程度上创造更多就业渠道和机会，更好地推动经济的发展。

### （三）我国养老机构的发展趋势

1. 出现大量的民营民办养老机构

20 世纪 80 年代以前，我国养老机构主要是公办养老机构，国家是养老机构的投资主体和运营主体。随着社会福利政策的实施，民间资本进入养老领域，养老机构的投资主体和运营主体开始多元化，既有公办养老机构，也有民办养老机构，各类养老机构并存，养老机构的这种“双轨制”局面在当时具有一定的合理性，有利于满足广大老年人养老服务的需求。但随着人口老龄化的发展，老年服务需求的持续上升，养老机构的“双轨制”发展环境明显已经不利于养老机构的健康发展，公办养老机构享受的免费资源多、价格又低，扭曲了市场的价格机制，影响了整个养老机构竞争的公平环境，抑制了民营养老机构的发展，进而减少了机构养老服务的提供，难以满足广大老年人的需求。

突破养老机构发展的“双轨制”，推动养老机构朝市场化发展是大势所趋。一方面，应当加强对民营民办养老服务机构的扶持和发展。究其根本，老年人想要获得低价高质的养老服务就必须要充分发挥市场竞争的作用，只有通过充分的市场竞争，才能解决当前老年人机构养老服务的短缺，才能更好地应对不断加剧的人口老龄化。当前，政府通过简政放权、实施各种优惠政策让市场在养老资源配置中起到决定性作用，为民办养老机构的发展扫清障碍。另一方面，改革目前的公办养老机构。从理论上来说，政府经营养老机构的效率较低，不利于服务质量的提升。迫切需要改革目前的公办养老机构，充分发挥市场的作用。如北京市将养老机构分为公办公营、公办民营、公建民营三种运营模式，公办公营养老机构只是其中的一部分，更多的养老机构将会以公办民营、公建民营形式出现。未来，民办民营养老机构将逐渐成为养老机构的主体，养老机构的市场化趋势将会更加明显。

2．与社区、居家养老相融合

养老机构是养老服务体系中非常重要的组成部分，近年来始终处在独立发展的模式和状态下，缺乏与居家养老和社区养老的紧密结合。比如，在政策制定上，只针对养老机构自身的发展制定政策；在规划上，强调养老机构的数量，忽视养老机构服务的功能；在部门管理上，很多地方机构和居家属于不同的管理机构，协调性差；在研究上，对养老机构潜能的发挥也没有得到重视。其实，无论从老年人需求，还是其他国家的实践来看，养老机构与居家养老、社区养老的一体化发展是大势所趋。从老年人所需的养老服务来看，随着年龄的不断增加，老年人的身体状况逐渐下降，健康状况令人担忧，这使得服务需求呈现出以下特点，一是对养老服务的内容需求更加丰富多元，除了精神和物质层面的需求外，还需要通过工具和辅助设施的工具性服务需求。二是对专业化的服务需求要求越来越高。

三是对养老服务的可获性、就近性、便捷性需求越来越高。因此，相较于相对较为“孤立”、集中居住的养老服务机构，能够提供综合性、连续性的就近社区服务机构更能满足老年人的需求。比如，英国的社区照顾就是非常好的典范，居家养老和机构养老可以充分通过社区的平台，将其与机构进行相互融合，共同发展，满足老年人的养老需求。再如，北京市2015年出台的《北京市居家养老服务条例》明确提出鼓励养老机构利用自身资源优势，为周边社区居住在家的老年人提供服务。又如，北京市人民政府办公厅印发的《关于深化公办养老机构管理体制改革的意见》则明确表示公办养老机构在积极承担自身基本职责和使命的前提下，也要充分发挥社会责任感，创造条件，充分借助资源集中的优点和长处为居家社区养老提供更丰富、多元的服务。后续，随着养老服务网络的完善和健全以及养老服务的迅猛发展，居家养老、社区养老、机构养老一体化发展必然是大势所趋，不可逆转。

3. 养老机构的发展将更为精细化

从国际养老机构的整体发展趋势和我国老年人的养老服务实际需求情况来看，“就地养老”是未来的主流发展趋势。近年来，养老机构逐渐朝郊区发展，使得老年人无法接触到其他年龄层的人群，与原来的生活圈割裂，使得隔离化的结构特征逐渐明显。同时，国内外多个环境行为学的研究也充分表明，在较为大型的养老机构中若留有较多的空间空白可能会在一定程度上对老年人的空间认知产生一定影响，增加其心理负担。部分国家在养老机构建设等方面的经验也充分表明无论是从专业化、经营管理等层面，抑或老年人的实际居住舒适度等层面，机构规模、床位数量都不是越大、越多越好，最佳的规模应该控制在300张床位内。此外，随着老年人对养老服务需求的专业化发展和经济社会的不断变革，未来连锁化、品牌化、小型化的养老机构将成为大势所趋。一是养老机构在未来发展过程中应当尽可能朝社区化发展，也就是需要围绕社区建设养老机构，既能满足养老需求，也更符合整体的居家、社区、机构一体化的发展趋势。但这对社区自身的闲置资源要求相对较高，部分社区无力承担起大型养老机构建立的资源支持力度，开展小型养老机构更能贴合实际情况。二是养老服务行业是利润收入相对较为薄弱的行业，只有形成规模经济才能更好实现营收，在小型化的发展背景下实现连锁化经营是提高市场竞争、抢占市场份额的有效途径和必由之路。三是随着养老服务行业内的竞争不断加剧，加上老年人消费的依赖性，只有做好品牌，才是提高市场竞争的关键。我国目前已进入经济发展新常态，政府积极鼓励创新与创业，这本身就为养老机构的发展提供了一个很好的社会环境和政策环境，随着我国养老机构的不断成熟与发展，未来养老机构市场化、规模化、专业化的趋势将会更加明显。

4. 养老机构将会与养医结合

当前，我国养老机构提供的服务绝大部分以养老服务为主，缺乏医疗服务。随着老年人生活水平的不断提高，养老服务市场的不断发展，后续养医结合服务将成为养老机构发展的重要趋势和主要方向。养医结合是指将护理、康复、治疗、预防等服务融为一体的模式，养和医是相互补充、相辅相成的，养医结合服务既能够给老年人提供基本的养老服务，又能更好地满足老年人的长期疾病治理、康复治疗、吃药等医疗需求。养医结合的模式非常丰富多元，既能够在养老机构中建立卫生所、医务室，也可以独立于养老机构之外设置护理院、康复医院，此外还可以和养老服务机构周边的医疗机构建立长期稳定的合作，通过协议规范合作行为，更好地为养老院中的老人提供优质的医疗服务。当然，要实现养医结合，必须进行信息共享，即将养老信息系统与老年人健康医疗信息系统的资源进行共享，以较低的成本对养老机构中的老年人进行必要的健康管理。

养医结合之所以成为养老机构发展的重要方向，一是养医结合服务符合老年人服务需求的特点。入住机构的老年人很多患有慢性病，或者是失能半失能老年人，除了医院的医疗外，更需要长期的健康管理，因此养医结合服务能弥补养老服务的健康管理短板，更能满足老年人的需求。二是缓解医疗卫生服务的护理压力。养老机构提供养医结合服务能够对在住院治疗后出院的老年人进行后续护理服务，能够在一定程度上有效减轻医疗机构所承载的压力。此外，养医结合服务还能有效提高老年人对健康风险的防范能力和水平。随着国家相关政策和制度的不断完善，养老机构养医结合的趋势将不断突出。

5. 养老机构的服务更加人性化

近年来，我国养老机构取得了快速发展，机构数量不断增加，但发展模式比较“粗放”，具体表现在机构提供的服务缺乏人性化，大部分老年人接受同样的服务，很难满足不同老年人不同的需求；服务缺乏亲情化，在服务过程中缺少人文关怀，缺少亲情的投入。这种“粗放”的服务模式与我国养老服务发展还处在初期阶段、市场竞争尚不充分有一定关系。随着国家相关部门对养老服务行业的重视程度不断提高，民间力量的介入力度逐渐增大，市场化竞争越来越激烈，养老机构未来将不断朝“集约型”发展，想要有效提高竞争力，势必要充分重视服务水平和质量，要更趋亲情化、人性化发展，通过提高服务能力和水平更好地树立品牌形象，提高竞争力。

## 二、我国养老市场的发展

### （一）养老服务市场的特点

养老服务市场是指伴随着人口老龄化的出现、老年人需求的提升、养老社会化程度提高而出现的，为老年人提供各类生活照顾和护理服务，以及满足老年人各类特殊生活需求的服务市场。与传统养老模式相比，养老服务市场具有社会化、市场化、产业化、专业化四大特征。

### （二）我国养老服务市场的发展趋势

1.产品种类多样化

以往老年商品主要局限于衣、食、住、行方面，但近年来，为老年人提供的服务产品种类逐渐多样化，已经涵盖了家庭护理、家庭洗浴、送餐服务、老人搬运、老人用品的租借和销售、老人临时寄养、养老培训、投诉和信息提供、紧急呼叫服务、收费老人院、老人公寓等多个领域。

2.老年人消费观念的转变

在我国，老年人节俭的生活方式正在发生改变，数以百万计的退休人员更加愿意接受发达国家或地区的“核心家庭”观念，退休后过属于自己的生活，享受生命的最好时光。这也带动了老年产业的发展。

加强对老年产业市场的开发，更好地满足老年人多样化的养老需求是经济发展的重要趋势和正确方向。虽然我国所拥有的老年市场非常庞大，但老年产业目前只处于起步探索阶段，老年服务和专业产品的开发力度相对不足。

我国政府已经充分意识到老年市场的现状和未来的发展趋势，积极出台相关政策，营造良好的营商环境，鼓励国内企业积极投身老年产业中。国税总局、财政部还曾联合下发专门针对老年服务机构的税收政策问题通知。在通知中明确指出，对于社会力量、企事业单位、政府部门等所投资兴办的非营利性、福利性的服务机构和组织，暂时免征企业所得税，以及服务机构自用的车船、土地、房产等的房产税、车船税、城镇土地使用税等优惠政策。

### （三）养老市场出现的问题

1. 思想观念落后

一方面，由于人口老龄化带来的挑战具备一定的隐秘性，部分经济发展相对较为薄弱的地区，当地政府还没有对这一形式有清晰的了解和认知，没有加强重视，在提高养老服务等方面还存在“等靠要”思想，将养老丢给政府和国家，仅仅依靠国家牵头和推动发展，没有充分发挥主观能动性。另一方面，对养老服务的发展规律认知不够清晰，没有意识到养老服务市场本身所具有的收益稳、风险小、市场大、潜力足等优势。此外，由于传统思想的影响，大部分老年人对养老机构存在偏见，不愿意到养老机构养老，使得社会资源投入主动性和积极性不高，市场培育相对较为落后。

2. 缺少政策的帮助

近年来，相关部门自上而下出台了多个推动养老服务发展的政策法规，在一定程度上有效推动了养老服务的发展，但依旧存在一些问题，如落实难度相对较大、体系性不足、原则性过强、指导不力、经费不足等。特别是国家目前针对民营民办养老服务机构所出台的相关政策和优惠措施相对较少，财政支持也相对有限，尤其是市县层次在具体落实方面存在难度，部分地区政策缺乏定量措施，在资金支持等重要问题和关键因素上缺乏指导性，对不执行相关政策的单位或部门也没有制约方式和手段，使得养老服务体系的构建相对较为落后，无法跟上经济发展水平。

3. 管理体制不完善

由于相关政策完善程度不足、重视程度不够等问题，政府在政策实施、监督管理方面还存在一些不足，已经成为制约养老服务发展的关键因素。由于相关部门采取条块分割模式，相关职能部门缺乏统筹规划、协调配合的管理机制，使得有限的养老服务资源既面临筹措困难的境地，又面临无法得到充分利用的困境，部分地区甚至不严格遵守国家相关政策，区别对待民办民营机构，如不减免税费、贷款不优惠等，影响养老服务发展。

4. 没有健全的发展机制

从整体上看，我国的养老服务缺乏相对较为科学合理的行业管理和市场运行机制，养老服务行业内部管理的规定和制度不够科学和合理，提供服务的运行模式有所欠缺，主要表现在：公办机构和民办机构地位不等同，公办机构可以获得政策和资金支持，而民办机构却无法获得同等待遇，公平性有所欠缺；民办机构的定位相对较为模糊，相关部门将民办机构盈利和提供福利保障捆绑在一起，违背了市场经济发展和运行规律，影响民间资本的参与积极性和主动性；缺乏科学合理的行业管理机制，使养老服务市场处在无序、盲目的状态下，机构在管理过程中相对较为随意，缺乏标准性要求，特别是经济不发达的地区所开展的养老服务机构，大多是粗放型管理模式。

## 三、我国养老产业的发展

### （一）养老产业发展现状

1. 养老产业发展速度不均衡

随着《中国老龄事业发展“十二五”规划》《国务院关于加快发展养老服务业的若干意见》和《中共中央　国务院关于加强新时代老龄工作的意见》等相关规划与政策的出台，养老产业得到了长远发展，医疗保健、养老服务、旅游等发展规模较大、发展速度较快，但养老服务和养老产品的发展却不够均衡。随着中国医疗技术的不断发展和与世界医疗资源的交汇融合，使得一部分重大疾病得到了有效的解决和技术突破，企业也加大了产品研发的资金投入力度，生活辅助用品、理疗器械、保健品等种类越来越丰富，功能越来越强大，更好地满足了老年人的养老需求。传统养老产品的发展令人可喜，但老年房地产和金融业却只处在起步阶段，大部分老年人对老年金融业的了解甚少，没有投资理财、金融养老的理念和意识，也不会积极主动投身银行理财和商业养老保险中，对于综合性养老社区、老年住宅等新产业的了解和认知也相对较少，大部分老年人缺乏正确的理解和认可，同时也是由于这些新兴产业所处的地理位置相对较为幽静或价格相对较高，市场发展的整体步调相对较为缓慢。总而言之，由于养老保障制度和传统观念的影响，虽然养老产业产值不断提升，但并没有跟上经济发展的步调，养老产业依旧存在较大的市场缺口。

2. 养老产业区域发展不均衡

养老产业的发展同一个地区的经济发展状况、人口老龄化水平有直接的关系。我国不同地区之间经济发展水平的不均衡，导致不同地区养老产业的发展不够均衡，市场发展差异也相对较大，经济发达的地区养老产业的发展相对较为完善，而经济欠发达的地区则处在起步阶段，甚至没有形成一定规模的养老产业。对于经济较为发达的地区，在政府的指导下，养老产业逐渐走向产业化和市场化的发展道路，充分发挥自身所具有的科研经济等优势，更加注重研究生产健康器械、高端生活用品等，从而更好地推动本地经济的发展，实现经济提升。而经济发展水平较为滞后的地区，在老龄化进程明显加快的背景下，养老形势十分严峻，呈现出养老需求旺盛，而养老服务设施和养老产品、养老服务却难以满足老年人口的养老需求。

3. 养老产业市场化程度低

养老产业发展主要基于社会形成的养老模式，受到传统文化观念和计划经济的影响，家庭养老是主流形式的养老方式，而社区养老和机构养老则隶属于社会化养老的范围内，机构养老往往是作为家庭养老的重要补充方式，有养老事业和养老产业的双重职能。我国是按照养老机构所属性质对政策支持、社会福利等进行有效划分，公立养老机构，会享受到较多的政策福利，视其为养老事业，能获得较多的政府补助，费用较低，入住率相对较高。而民办机构，往往被视作养老产业，政策支持力度不足，服务质量相对有限，效益相对较差，规模相对较小，入住率相对较低，很难在一定程度上形成规模效应。社区养老的内容相较于其他养老方式更加丰富多元，能够涵盖养老生活的各个层面，也是公认最适合养老的有效途径。但社区养老往往被视作养老事业，有较多条件和资格限制，大多是空巢老人、失能老人才能进入，导致部分老人无法享受这一服务，在一定程度上会影响其产业化发展。

4. 房地产涉足养老产业

我国人口老龄化形势越来越严峻，越来越多的企业和公司也充分抓住了这一商机，开始投身养老产业中，组织开展了新型养老项目，其实质是通过养老概念加强大型房地产开发，包括旅游养老、候鸟式养老、高端养老社区等模式，部分寿险公司已抓住了这一机遇，积极投身地产项目中，加强地块规划，加强保险产品开发，发展对口客户，实现全国布局规划，在一定程度上推动了我国养老地产的发展和建设热潮。由于国家宏观调控的收紧，国内房地产企业逐渐调整开发重心，转移投资目光，聚焦于老年地产项目，拓宽老年地产市场。

**（二）我国养老产业出现的问题**

1. 政策制度不完善

养老产业在探索发展阶段需要强有力的政策支撑和制度支持。好的政策支持能够正确引导社会力量，引入社会资本。近些年，国家出台了《关于对老年服务机构有关税收政策问题的通知》《关于加快发展养老服务业的若干意见》《国务院办公厅关于推进养老服务发展的意见》等政策文件。国家出台的这些政策文件能够有效约束养老服务机构的税制，积极引导养老服务行业的有序发展，推动产业进步。虽然目前出台的政策文件数量相对较多，但大部分政策文件始终停留在原则性层面，没有更具针对性和落地性的政策引导，且在政策中明确指出的优惠政策和福利在具体落地过程中会受到较多的现实问题阻碍。虽然能够更好地支持养老产业的发展，但由于立法有所欠缺，没有更具有针对性的细则和发展政策，使得养老产业的发展速度相对较慢，建设规范性有所欠缺。而我国当前用于支持养老产业发展的配套政策和措施不够健全和完善，会影响民办养老机构的有效发展，在一定程度上阻碍其发展水平和步调。

2. 养老产业供求失衡

供求失衡主要反映在当前所供给的资源无法满足需求，且供给相对过剩与供给不足并存，有效需求不足和潜在需求较大并存等。比如，按照国际规定的养老标准，我国需要的养老床位达 800 万，但目前仅有 250 万，养老床位的缺口相对较大，供给不足问题较为严峻。另一方面，供给过剩问题依旧存在。养老机构在统筹布局层面设计不够科学和合理，无法匹配老年人区域分布，在进行区域规划时没有充分结合养老服务地点、服务功能等因素，前期数据采集和调研不够科学，导致最终呈现的布局规划不够合理，中心城区养老机构入住率较高，但床位较为紧缺，大部分老年人无法进入该地养老机构享受养老服务；部分规模较大的养老机构却大多位于郊区，由于所处地理位置的因素，老年人入住率相对较低，整体资源供给弱于中心城区。此外，养老机构之间的差距过大也会加剧供给过剩问题。不同养老机构之间的实力相差较大，有些养老机构服务质量好、基础设施配套齐全，专业化水平高，但价格高昂，超过大部分老年人能够承受的范围，而有些养老机构虽然价格便宜，但整体环境差，设施配备不齐全，服务水平相对较低，很难满足老年人的基本需求。

现有城区养老院数量有限，无法满足养老需求。有些新建的养老院所能选择的地理位置相对较为偏僻，往往设置在近郊，虽然环境清新，但与子女的距离相对较远，且周围的发展相对较为落后，设施配备不够齐全，无论是休闲娱乐或购物都不够便捷。与城市相比，农村所开展的养老院服务水平相对较低、规模相对较小、专业能力相对较差，不能满足养老的基本需求。同时，部分养老机构都是由乡镇敬老院所转化而来，当地政府没有充分结合实际情况对其进行统一规划和完善，使得养老机构水平参差不齐，特别是部分地区过于追求 GDP，在一定程度上也人为放大了养老机构的划地难度和审批难度。此外，传统观念的影响依旧不容忽视，大部分老年人的观念相对较为传统和落后，更习惯将自己所拥有的财产用来应急治病或帮助子女解决生活问题，再加上社会保障机制还不够健全，这都会在一定程度上影响老年人的消费方式和习惯，影响机构养老的有效需求。《养老机构现状调查报告》中显示入住养老机构的老年人数量仅占 65 岁以上老年人总数的 3%，养老市场有效需求严重不足。

3. 养老服务模式落后

居家养老是我国养老产业中最为主要的途径和方式，社区养老和社会机构养老还处在探索和起步阶段，大部分社区养老往往只是提供基本的日常照料服务，只能提供基本的活动室供老年人休闲娱乐，对于用药服务、用餐服务的品质都无法把控。而近年来所出现的医养结合的医院办养老院、以旅游产业为依托的候鸟模式以及养老院增设诊所等，都是重新整合现有资源，秉持因地制宜原则，贴合老人实际需求，提供更专业化、针对性的有效服务。

当前中国所拥有的养老机构水平参差不齐，大部分养老机构的专业化能力和水平十分有限，服务观念相对较为落后，只能提供日常护理服务且缺乏特色，无法满足老人养老需求。同时在这一行业中，工作人员的工资待遇和福利水平相对较差，从业人员的学历较低、服务意识不足、专业能力有限，缺乏优秀人才，影响老年人对养老机构的认可度。由于资金缺乏，部分养老院没有足够的资金用于完善基础设施，往往是将厂房、闲置仓库进行基本改造翻新，存在设施落后、服务水平低的问题。此外，部分养老机构没有充分结合面向对象的生活习惯和生理特征等的需求，导致在设计施工过程中存在问题，如楼梯狭窄、安全性不高、老年通行道缺乏等。在实际运营和使用过程中，已经发现存在较多问题，但由于资金缺乏，无法对已有的机构进行扩建或改建。

此外，由于养老产业的资金回报周期长、利润低的特点，需要有持续大量的资金投入，需要对人事调整和经济波动进行控制，需要提供政策支持和优惠，需要加强对基础设施的建设，需要提高工作人员的专业能力和服务水平，但实际上各方面因素都没有达到理想水平，无法满足养老产业化发展的需求。民办和公办养老机构的模式大多相同，没有明显的区分和特色，在地理位置、服务价格等方面没有明显优势的前提下，民办机构的生存压力较大，发展较为困难。

专业人士数量有限、能力不足是养老产业存在的主要问题，很难满足养老需求。因此，必须加强基础设施建设，提高人才的专业能力和综合素质，更好地推动养老产业的规范化发展。

4. 养老产品与服务供给不足

养老产业虽名为“朝阳产业”，具有极高的市场价值和开发潜力，但目前我国在养老产品供给上存在严重不足。当前我国所提供的养老产品和养老服务主要以家政服务、老年人口基础性消费产品为主，缺乏针对性和创新性。

5. 缺乏养老服务的专业人员

按照当前的人口老龄化发展现状和水平，至少需要1,000万专业护理人员，但实际在该行业工作的人员较少，这其中受过专业教育和培训的工作人员更少，社区就业人员仅占社区总数的一小部分。大部分地区还没有养老社区，养老服务行业整体发展也相对较为滞后，很难满足养老需求，在一定程度上影响服务质量和服务水平的提升，难以满足老年人的养老需求。目前从事该行业的大部分工作人员仅仅能够为老年人提供基本的生活照顾，不能给予精神关怀和心理疏导，也会影响服务水平和质量。

6. 养老产业链发展不完备

养老产业所波及的覆盖面相对较广，涉及领域较多，若养老产业能得到较好的发展，则能直接带动老年文化、金融理财旅游、用品生产等方面的经济发展，还能对机械、建筑等行业起到较为明显的推动作用。但目前养老产业仅仅能为老年人提供基本的生活护理，高层次的服务基本无法涉及，且养老产业各环节相对独立、分散，无法形成规模效应和辐射效应。投身该行业的公司大多忽视研究而重视生产，缺乏长远眼光，只注重眼前的蝇头小利，而忽视长期研发投入，使得上游研发机构的数量不足，产品核心价值低，始终处于附属地位，影响整个行业的发展动力和后劲。在中游环节，生产效率低下，产品附加值低，无法发挥规模效应和作用，养老服务的技术含量不足，专业技能有限，服务态度有待提高。在下游物流和营销环节，品牌意识不强，影响服务和产品的市场占有率及价值。

7. 商业保险在养老产业中发展不完善

我国迈入人口老龄化社会的速度较快，使得社会负担要早于经济社会发展速度，导致养老保险基金需要承担较大的压力。我国虽已建立了基本的社保筹资体系，但资金保障水平低下、养老金缺口大、覆盖面有限。人口经济学研究表明，科学合理的养老保障体系除了由社保资金组成外，还应当包括个人理财、企业年金等，应积极提倡老年人通过多种理财手段保障老年生活。目前已有的商业养老保险产品同质化较为严重，缺乏竞争力，影响商业保险推广密度和深度。在家庭养老层面，由于家庭养老的传统观念和思想影响深远，导致政府的财政支出相对较大，虽然金融产品种类丰富，但形式单一、影响力较差。在机构养老层面，虽然也积极吸纳商业保险、民间资本来作为资金补充，但收效甚微。商业保险发展水平不足、资金问题是影响养老机构发展和基础设施配备的主要因素。

## 第五节　我国应对人口老龄化的措施

我国人口老龄化的发展现状和特殊性是由我国所处的发展阶段和基本国情所决定的，也是历史问题的延续和积累。这使得我国在面对人口老龄化所带来的问题时，任务艰巨。这一基本问题已经引起社会各层面的广泛重视和政府部门的严肃对待，并出台了一系列的政策，采取了有效措施。

## 一、加强组织领导

目前，我国的老龄工作在中共中央、国务院的直接领导下，由民政部牵头，成立全国老龄工作委员会，中央和国家机关各有关部门、群众团体共同参与。老龄工作委员会下设办公室，办公室常务副主任兼任中国老龄协会会长、民政部党组成员。各省、自治区、直辖市也基本按此模式设置组织体系，统一协调涉及老龄事业的各项工作。

## 二、确立老龄工作的相关政策

经过多年的实践和总结，我国已经基本确定了老龄化工作的基本方针:“党政主导、社会参与、全民关怀”。工作所遵循的原则是：要将社会发展、国民经济与老龄化事业相匹配，推动老龄事业的进一步发展；坚持社会养老和家庭养老的紧密结合，充分突出家庭作用，建立健全服务体系；坚持社会参与和政府引导的紧密结合，遵循市场经济的发展规律，积极推动老年服务业发展；坚持法律约束和道德规范的紧密结合，积极开展道德教育，提倡尊老爱老，加强法治建设；要将关心老龄妇女特殊问题、老年人生活与思政工作紧密结合，有效改善老年人的物质生活，丰富精神生活；坚持分类指导和统筹规划的紧密结合，因地制宜开展工作，推动老龄事业发展。老龄工作所需遵循的基本目标是：实现老有所养、老有所医、老有所教、老有所学、老有所为、老有所乐。

## 三、加快社会保障制度的完善

在党的重要文献和党代会报告中，都明确提出要实现老有所养。明确要以基本养老、最低生活保障、基本医疗为重点的社保制度，要能够满足老年人在住房、生活、医疗等的需求。当前城镇已经建立了以商业保险、基本医疗保险、基本养老保险、社会福利、社会救济、社会互助等为重点的养老保障体系。农村也从2009年开始不断推行农村养老保险制度，构建了城乡居民最低生活保障制度，对于所获收入低于所在地最低生活保障标准的老年人，给予最低生活保障待遇。建立健全了基本医疗保险制度，涵盖城镇所有单位及职工，推动了退休人员、离休人员的医疗保障政策落实，积极开展了多样化的补充医疗保险，更好地满足老年人的医疗需求，建立了新型农村合作医疗制度。

## 四、加强养老服务体系建设

国务院办公厅转发和下发了《关于加快实现社会福利社会化意见的通知》《国务院办公厅关于推进养老服务发展的意见》，明确实施养老服务的优惠政策，提出并实施了“以居家为基础，以社区为依托，以机构为补充”的养老服务体系建设。自20世纪80年代起，积极推动城市社区建设，加强社区服务，提高社区养老水平。自2000年起，积极总结经验，开展居家养老服务。通过不同水平、不同形式的老年公寓、护理院、福利院、托老所等，更好地为老年人提供服务，加强生活照料，满足健身需求、文化需求等。在农村，改革筹资方式，变村提留、乡统筹为财政支付，实行了新的“五保”供养。党的十七大强调要实现“老有所养”。在2010年全国人代会上，强调要加快建立健全养老社会服务体系。党的十七届五中全会明确表示，要“注重发挥家庭和社区功能，优先发展社会养老服务，培育壮大老龄服务事业和产业”。民政部也曾明确提出要充分结合基本国情，要贴合经济社会层次和水平、结合人口老龄化发展过程，以社区服务为重要依托、居家养老为重要基础、机构养老作为有效补充，更好匹配服务提供和资金保障，将有偿服务和低偿、无偿服务紧密结合，构建社会参与、部门协同、政府主导、公众互助的服务体系。

## 五、保障老年人的合法权益

《中华人民共和国宪法》规定，公民在年老时有从国家和社会获得物质帮助等权利。据此，制定了《中华人民共和国老年人权益保障法》《农村五保供养工作条例》《社会福利机构管理暂行办法》等法律法规，切实维护和保障老年人的合法权益。各地相应制定了地方性法规、规章，形成上下配套的法律体系。加大了法律宣传，提供司法援助机制。各级司法行政部门对于无力承担法律费用但又需要法律援助的老人提供专业帮助，设置了免交、减交、缓交诉讼费的优惠待遇。

# 第二章　社会养老服务体系的建设概况

这一章节详细描述了社会养老服务体系的建立，包括什么是社会养老服务体系，为甚么要建立社会主养老服务体系和建立的目标和原则，我国社会养老服务体系建立的过程、效果与面临的挑战，以及保障我国社会养老服务体系建设的各种措施。

## 第一节　社会养老服务体系基本概念的界定

### 一、养老概念论述

#### （一）养老服务的含义

养老服务与老年人个体的身体老化以及人口的老龄化密切相关。随着年龄的增长，每一个个体都会经历成长、发育、成熟和衰退的生命历程。就生理角度而言，老年期是人类的生命衰退期。在老年期，个体由于生理、心理以及与此相伴随的社会功能的衰退，适应自然环境、社会环境的能力下降，在社会中的独立生存能力也随之降低。因此，老年人需要借助外界的力量来弥补衰老所带来的各项变化，维持他们原有的生活状态，我们可以将这些来自外界针对老年人的支持和帮助统称为养老，养老所涉及的内容极为广泛，它针对老年人由衰老所产生的方方面面的需求。随着老年人口的不断增多，人口的老龄化程度不断加深，由衰老而产生的养老需求将成为个人、家庭和社会面临的严峻挑战。系统地构建一个完善的养老体系，以满足老年人的各项需求，成为社会发展的必然选择。而服务则是养老体系中的一项核心内容。

养老服务是衰老所导致的老年人独立生活和生存能力下降而产生的服务需求。在广义上，养老服务指的是家庭、政府和社会为了让老人能够安心享受自己的晚年生活而做出的一切正式的和非正式的安排，它包括了物质和精神的保障以及与之相对应的制度安排，是一种近似于全社会的养老体系的安排。在狭义上，养老是指家庭和社会为老年人所提供的精神慰藉、文化教育、尊严保护、医疗保健等服务行为，以及围绕这些行为的设施和制度等，其与物质保障体系相辅相成，成为养老体系的重要组成部分。全国民政工作会议提出要进一步完善"以居家养老为基础、以社区为依托、以机构为补充"的养老服务体系，大力发展养老服务业。这里所提的养老服务介于广义、狭义之间，既有整个社会养老制度的安排，又重在政府、社会对养老的制度设计和服务内容的提供。在狭义的养老服务体系中，由家庭和社会为老年人提供的生活照料和护理构成了养老服务的基础和核心内容。在社会经济欠发达、老年人生活水平较低、社会保障不健全的背景下，大部分老年人的养老需求仍停留在满足衣、食、住、行等基本的生存和生活需求层面，生活照料和护理服务几乎成为养老服务的全部内容，也成为社会养老服务体系发展的初级阶段的首要建设目标。

### （二）社会养老的含义

所谓社会化是指通过社会途径、以社会制度保证的方式实现。社会养老是指区别于传统家庭养老的、通过社会途径以社会制度保证的养老方式，它是传统社会向工业化社会转变的必然产物。[①]就现阶段养老服务的发展重点来看，社会养老服务（养老社会服务）指的是以当前我国的家庭养老功能弱化、高龄老人和空巢老人增多为背景，而从社会角度为老年人提供的帮助服务。社区照护与居家照护是一种相互关联、相互依赖、相互补充、相互促进的关系。

根据老人的居住方式，养老服务可以划分为家庭与机构两类、分散与集中两类；根据服务对象的不同，可以将其划分为文化服务、体育活动服务、护理服务和医疗卫生服务等几个类别。其中，居家养老服务是养老服务的主体内容和重点工作，是传统家庭养老方式引入社会养老服务资源后演变而成的一种新的社会化养老服务模式。具体而言，居家养老服务是一种以家庭为基础，以社区为依托，

① 姜向群，张钰斐．社会化养老：问题与挑战[J]．北京观察，2006（10）：22-24.

以老年人日间照料、生活护理、家政服务、文化教育服务和精神慰藉为主要内容，以社区服务和上门服务为主要形式的养老方式。

## 二、社会养老服务体系概述

### （一）社会养老服务体系的概念

结合国家对社会养老服务的定位，将社会养老服务体系定义为：以家庭和社区为基础，以机构为辅助的多层次、多样化的养老服务体系。其中，“家人关怀”是该系统的核心，而“老人关怀中心”则是该系统建立的载体。目的是：老年人在自己的家庭亲情照料下养老，社区各类服务组织为其提供服务，社会各类养老机构为不能在家中养老的老人提供住养服务，使老年人的整体生活质量随着国家的经济社会发展不断得到改善和提高。适度普惠型的社会养老服务体系则是指这个服务体系要惠及城乡全体老年人，要特别惠及高龄老人、失能和半失能老人、贫困老人。

### （二）社会养老服务体系的划分

社会养老服务是社会养老服务体系的重要构成，是弥补家庭养老功能弱化的途径。社会养老服务体系是指政府、社会对养老服务有支持意义的各种制度、政策、机构等所构成的系统。按照各种服务的类型和功能定位，可分为基本社会养老服务体系（简称“基本养老服务体系”）和非基本社会养老服务体系（简称“非基本养老服务体系”）。

1. 基本养老服务体系

基本养老服务体系是一种符合我国经济和社会发展的程度，将满足老年人的基本服务需求、提高老年人的生活品质作为主要目的的制度，它将面向整个老年群体，为其提供基本生活照料、护理康复、精神关爱、紧急救援和社会参与等服务的设施、组织、人才和技术因素，同时还包括了与之相匹配的服务标准、运行机制和监管制度。构建基本养老服务体系，应该以居家养老为基础，以社区服务为依托，以机构养老为支持，向社会提供与现有技术相适应的基本养老服务，并重点保障失能、半失能老年人和低收入老年人的基本服务需求。建立一个基本的养老服务制度是国家的职责所在，它的服务水平总体上属于中等水平。

2. 非基本养老服务体系

非基本养老服务体系是指政府、社会为非营利性养老服务和市场养老服务提供的有支持意义的各种制度、政策、机构等所构成的系统。非基本养老服务体系建设是老龄工作的重点。

基本养老服务体系致力于满足占总人口绝大多数的中低层家庭和老年群体的养老服务需求，对维持社会的稳定和谐，实现社会财富的再分配具有重要作用。就目前社会养老服务体系的发展规划来看，政府对于两种社会养老服务体系采取不同的发展策略。现阶段，政府在资金、扶持政策以及发展的优先顺序方面首先向基本养老服务体系建设倾斜。在基本养老服务体系建设中政府不仅承担着主导责任，而且扮演了发展主力的角色，这也将是研究分析的重点。

### （三）关于社会养老服务体系的政策

在过去的几十年里，我国对社会养老服务体系的内涵研究一直处于空白状态。现在所用的表达式大多来自相关的政府文件。2000 年 2 月，国务院办公厅在一份文件中指出建立“在供养方式上坚持以居家为基础、以社区为依托、以社会福利机构为补充的发展方向”的社会福利社会化道路。[①] 因为养老服务在社会福利中占据着举足轻重的位置，所以这一概括逐渐演化成了专门针对养老服务体系，并被最后确定为“以居家养老为基础、社区服务为依托、机构养老为补充的服务体系”[②]。

自 2010 年起，关于老年人照料制度的论著和表达逐渐增加。从 2009 年起，国家发改委和民政部在全国范围内开展了“基本养老服务体系试点”工作，并明确了一批试点省份。关于“基本”一词，国家发改委的观点是：“在大力增强政府提供基本养老服务能力的基础上，引导各种所有制投资主体进入养老服务市场，鼓励发展各种性质、各种业态的养老服务机构，形成多元开放、层次多样、竞争有序、监管有力、覆盖城乡、体系完善的社会化养老服务格局。”[③] 温家宝在 2010

① 国务院办公厅转发民政部等部门文件《关于加快实现社会福利社会化意见的通知》（国办发〔2000〕19 号）。

② 国务院办公厅转发全国老龄委办公室和发展改革委等部门文件《关于加快发展养老服务业意见的通知》（国办发〔2006〕6 号）。

③ 苏国．“十二五”期间大力推进养老服务体系建设的建议 [J]. 宏观经济管理，2011：(2)：18-19.

的《政府工作报告》中指出，要“加快建立健全养老社会服务体系”。在党的十七届五中全会上，更是提出了“优先发展社会养老服务”的要求。为此，在社会养老服务体系推进过程中，要立足我国国情，着力构建与经济社会发展水平相符合、与人口老龄化进程相适应，以居家养老为基础、社区服务为依托、机构养老为补充，资金保障与服务提供相匹配，无偿、低偿、有偿服务相结合，政府主导、部门协同、社会参与、公众互助相结合的社会养老服务体系。2011 年，民政部将居家养老作为基础，将社区服务作为依托，将机构养老作为支持，将资金保障与服务保障相互配合，将基本服务与选择性服务有机地结合起来，构建出“政府主导、社会参与、全民关怀”的服务体系。对政府的措辞进行梳理，发现近年来有四个显著的改变：一是加上了“社会”一词，表示要集中整个社会的力量来做好这个工作，也就是要充分发挥政府、家庭、机关、社区等各方面的力量；二是将“补充”职能转变为“支撑”职能，更加明确了老年人在社会发展中的地位；三是对服务性与定价问题进行了重点论述；四是提出了“服务保证与经费保证”的思路。然而，时隔 4 年之后，2015 年《中共中央关于制定国民经济和社会发展第十三个五年规划的建议》中，对机构养老在整个养老服务体系中的定位有了重大变化，“十三五”期间要建立“以居家为基础、社区为依托、机构为补充的养老服务体系”。从“机构为支撑”到“机构为补充”之变折射出“十三五”期间乃至更长的未来时期我国养老政策的新思路。这一调整适合国情，符合中国人居家养老的文化传统，适应了中国未来养老的新方向。同时，从国家对养老服务的财政投入、资源利用的角度来说也是最优选择。

## 第二节　社会养老服务体系的相关理念及理论基础

### 一、社会养老服务体系的相关理念

社会养老服务体系是由多个服务提供主体按照既定的服务标准来提供多样化的养老服务的一个复杂系统，其中家庭、社会、政府的责任及其关系是社会养老服务体系构建中最为关键的要素。目前，家庭养老难以为继、社会养老亟待发展成为社会各界的主流思潮，要求政府承担养老责任的呼声日益高涨，政府在政策层面也力图符合民意，不断加大承担责任的力度。这固然是社会发展的进步，但是从我国社会发展阶段和老龄化的特点看，单纯强调政府主导的社会化养老，而放弃对家庭和社会力量的培植，并不能完全解决养老问题，老年人的生活质量也难以提高。养老不仅需要物质保障，也需要精神慰藉。而后者正是家庭固有的重要功能之一，直接体现老年人的生活质量。家庭和政府作为两个最重要的社会组织，其在养老体系中的作用和功能全然不同。养老保障包括对老年人的物质保障、服务和精神慰藉，其中物质保障是基本，精神慰藉层次较高，养老服务贯穿始终。政府和家庭在养老服务上可以互补，也可以互斥，关键是如何使其为同一目标协调运行，以保持系统的稳定，这是“共担・协调・互补”机制的核心。因此，在探索构建社会养老服务体系时，必须以科学发展观为指导，始终把家庭放在重要位置，充分认识新时期家庭养老职能的本质，从而构建政府、社会和家庭“共担・协调・互补”的养老模式，形成相应的运行机制。就目前来看，我国的社会组织发育不全，从事养老服务的社会组织更少，现有的社会养老服务主要是从政府和家庭两个角度展开的。但是，在数量庞大且增长迅速的老年人口面前，政府不可能替代家庭成为养老服务的主要提供者，在由多个社会组织参与提供养老服务的竞技场中，政府扮演的更多的是裁判员的角色，而非运动员的角色。而要想进一步发挥社会力量的作用，实现家庭、政府和社会在养老服务体系构建过程中的共赢和互补，推动服务产业的发展，需要政府加大投入力度，强化对社会组织的培育和监管。

关于政府和家庭等养老主体的关系问题，有学者提出以“平衡理论”和“责任分担理论”来加以指导和解释，用于解释和指导非正规组织（也称为“初级群体”，在养老领域主要指家庭）和正规组织（政府以及其他正规的相关养老群体和组织）在老年人照料活动中的互动交换过程的理论。该理论认为，正规组织的发展并不能取代非正规组织的功能或降低其重要性；相反，两种组织之间存在一种相互依赖、功能互补的关系，两者并不是互斥、对立的；正规组织和非正规组织之间应该保持一种协调关系。“平衡理论”探讨如何在正规组织与非正规组织之间协调各自行为，以达到社会目标，实现理想的社会控制。“责任分担理论”是在“平衡理论”基础上发展起来的，该理论强调非正规组织和正规组织虽然在结构上存在差别，但两者可以在不同时间、不同环境里相互配合，实现不同责任的分担以及功能的互补。

在整个养老服务体系内，包括其他养老保障项目上，正规组织和非正规组织都存在类似的关系，这种关系可以进一步概括为“共担·协调·互补”机制。“共担”是指作为养老主体的政府、家庭等正规、非正规组织基于共同的目标共同努力、共担责任。“互补”是指结构、功能相异的政府和家庭等组织，在养老保障过程中各有所重、各有所为，相互促进、相互补充，做到资源整合、有效利用。“协调”是指政策、法律、道德、文化等保障要素密切配合，分工有序，共同促进家庭、政府、社会等各方力量履行职责，实现整个机制的稳定运行。三者中，“共担”是前提，“互补”是基础，“协调”是关键。

## 二、社会养老服务体系的理论基础

### （一）理论基础一：积极老龄化理论

1. 积极老龄化理论的诞生

随着20世纪下半期欧美等主要发达国家逐步步入老龄化，为了降低生育门槛，增加劳动力的参与度，于1997年召开的“七国首脑会议”第一次提出了“积极老龄化”概念。1999年，世界卫生组织（WHO）启动了“积极老龄化全球行动”。WHO于2002年发表了一本名为《积极老龄化：从论证到行动》的著作，并于当年在马德里举行的第二次联合国老龄问题国际会议上发表了论文《积极老龄化：政策框架》。文章中对“积极老龄化”这一理念进行了清晰的诠释，并提出了从“健康”“参与”“保障”三个层面来应对老龄化。文章中所提及的“积极老龄化”这一理念及其基本理念被载入了《老龄问题国际行动计划》和《政治宣言》中。在全球范围内，积极老龄化理论对于解决老龄化问题具有重要意义。

2. 积极老龄化的含义

正如世界卫生组织在著作《积极老龄化：从论证到行动》中所界定的那样，“积极老龄化”是一种将健康、参与和保障机会最大化地利用起来，以改善老年人的生活品质的过程。积极老龄化是一种以多种形式促进老年人参与社会的方式，使其能够更好地适应社会的发展和变化。在《政治宣言》及《老龄问题国际行动计划》中，为实现“积极老龄化”，制定了以下三项政策：①身心健康，是指身体、精神和道德状况良好，并具有良好的社会适应性；②参与，指老年人继续按照自己的需求和身体状况，参与社会、经济、文化、精神及公民活动，并将其生活继续纳入主流社会；③保障，是指政府、社会和家庭依法对老人进行物质供养、精神安慰和社会支持的社会补贴和社会救济。

当前，国内外学术界关于积极老龄化的讨论主要是以世界卫生组织的定义为中心进行的。在我国，有学者对积极老龄化的含义进行了比较科学的界定，认为积极老龄化的含义是，为了改善自己的生活品质，老年人仍然可以根据自己的需求、意愿和能力，积极地参与到社会、经济、文化、公共活动中，并得到社会的全面保障。

3. 积极老龄化理论的影响

积极老龄化理论提出，老年人是一种具有巨大潜力的资源，他们与年轻人一样，都是社会发展的“助推器”和“问题解决者”，他们也能为社会创造价值。随着我国老龄化程度的不断加深，我们必须把老年人作为社会发展中的重要支撑力量，积极地把他们纳入社会发展中来。

积极老龄化理论有助于我们更好地理解“老龄化”，实现老年学研究视角的转换。在制定和完善养老政策时，要结合现实需求创造出充分发挥其潜力、作用的有利条件。例如，根据老年人的实际需求积极开发文化养老服务产品，保障老年人接受文化养老服务及享受社会发展成果的权益，提高老年人对社会发展成果的精神享用，提高老年群体的生活幸福感和获得感。事实上，积极老龄化理论已对党和政府制定老龄政策规划产生了一系列的积极影响，如2019年中共中央、国务院印发的《国家积极应对人口老龄化中长期规划》中就提出要构建老有所学的终身学习体系，创造老有所为的环境，创建为老年人服务的人力资源队伍，以推进老年人力资源开发。

### （二）理论基础二：健康老龄化理论

1. 健康老龄化理论的来源

为了应对人口老龄化问题，1990年世界卫生组织提出了健康老龄化理论，其中心思想是身心健康，社会适应能力强。

1995年10月，由中国老龄协会、中国老年学学会、中华人民共和国卫生部医务处，在北京联合举办了“全国老年医疗保健研讨会”。在本次大会上，邬沧萍教授以《健康老龄化的科学涵义和社会意义》为题做了专题讲座。邬沧萍认为，“健康衰老”一词与“健康长寿”一词相近，但是它的含义和内涵更多。他还指出，要全面而科学地认识“健康老龄化”，就需要弄清六大要旨。

第一，“健康老龄化”是指大部分老年人都能活得更长寿，其主要特征是增加居民的平均寿命。

第二，健康老龄化不仅仅表现在生命的长短上，还表现在生命的质量上，这是一个客观的、可量化的、可衡量的、可持续发展的指标。

第三，人的年龄结构正在发生变化，这既需要与之相适应的“健康转变”，也需要将“健康”拓展到社会、经济、文化等各个层面。

第四，从个人与群体年龄增长的角度认识老年人健康问题产生的原因、根源与发展趋势，揭示老年人健康问题产生的原因。老年人群的健康被认为是儿童在步入老年之前，从婴幼儿到青少年再到成年后各个时期的各种限制健康的因素的最综合、最集中和最后的体现。

第五，以科学认知为依据，为应对老龄化的挑战而提出“健康老龄化”的策略。

第六，健康老龄化是一个涉及所有人群和所有行业的全民卫生设施工程，它是一个由全体党员和全部国民组成的系统，是一个经过长期不懈努力而逐渐形成的过程。

2．健康老龄化理论的要求

要以习近平新时代中国特色社会主义思想为指导，将党的十九大及党的十九届历次全会的精神贯彻到实践中去，立足新发展阶段，贯彻新发展理念，构建新发展格局，将全面推动健康中国和应对人口老龄化的国家战略部署付诸实施，在新的历史条件下，以提高全人群、全生命周期的健康水平为目标，以满足基本的保健需求为目标，兼顾多层次、多元化的需求，将体制机制的变革和创新作为基本的推动力量，积极推动老年医疗服务的供给侧结构性改革，将健康老龄化的概念与经济社会发展的整个进程融合在一起，大力推进老年健康提升行动，不断开发并保持老年人的健康生活所需的内部能力，推动健康老龄化的实现。

### （三）理论基础三：福利多元主义理论

从 20 世纪 70 年代开始，福利多元主义理论逐渐成为各国社会福利研究的主流。在西方，福利多元论的观点主要是认为福利责任应由各个部门共同承担，并提倡社会福利的来源应多样化。

社会福利多元论认为，国家不应该被看作是社会集体福利的唯一源泉，除了政府之外，可从以下三个部门获得来源，分别是：①公共部门，由所有级别的政府提供的非直接或间接津贴；②非正式部门，即由亲戚、朋友及邻居提供的社会及医学服务，亦称社区护理及家庭护理；③志愿部门，亦称非营利性团体或 非政府组织，其成员包括社区组织、自助或互助组织，提供服务的非营利性团体和社会团体、医疗或社会研究团体，以及协调资源的中间人等；④商业部门，指由公司或企业提供的职业福利以及从市场上买来的服务。在各种福利方案中，有些是由政府供给，有些是由私营市场供给，有些是由其他方式供给，这些都要视各福利方案的特点而定。

福利多元化是指通过政府、公共部门、非正式部门、志愿部门以及商业部门等之间的协作，以分散和减轻金融危机。总体而言，福利多元主义理论着重于一种福利供给的多元化制度，也就是利用对福利多元结构的安排，把以前只由政府提供福利的模式转变为在多部门的参与下，实现从福利性政府转变为福利性社会。

为了推动养老事业的发展，我国十分注重借鉴应用这一理论，1986 年民政部就提出了“社会福利社会化”的发展目标，主张社会福利来源多元化。近年来，随着我国人口老龄化问题日益严峻和家庭养老功能式微，高龄老人、失能老人、空巢老人的照料需求不断增加。依据福利多元理论，养老服务供给主体多元化对养老服务发展具有积极意义：其一，能减轻政府负担，政府的主要责任在于做好顶层设计、规划评估、财政支持与监管等，而不是事无巨细；其二，能形成多元联动，让政府、市场、社区和个人共同参与其中，整合养老服务资源，将无偿、低偿与有偿相结合，丰富服务项目，提高服务质量，解决人口老龄化带来的危机，推动福利事业的持久发展。

### （四）理论基础四：公共治理理论

公共治理是在 20 世纪 70 年代才开始形成的，它的含义和治理的根本意义是紧密相连的。公共治理是一种由政府、社会组织、私人部门和市场等不同的治理主体，通过协商、谈判和洽谈等互动的民主方式，对公共事务进行治理的一种治理方式。与传统的公共行政不同，公共治理不是以政府的政治权威为基础，以下达命令、制定和执行政策为手段，对公共事务进行单一的管理，而是以一种主体多元化、方式民主化、管理协同化、上下互动的新的治理方式。

公共治理指的是，政府已经不再是一个单一的治理主体，治理主体已经出现了多样化和多元化的趋势，包括政府与社会组织、市场以及公民个人都可以作为公共治理的主体。此外，政府的治理权力也在朝着多中心的方向发展，其权力中心已经不只是政府，市场、第三部门等其他主体都可以参与到管理之中，从而构成一个自治的管理网络，最终形成一个多中心的治理模式。“自愿”“平等”“合作”是政府管理中的基本理念，是政府管理中组织协调、资源共享、有效沟通与合作关系形成的内在伦理依据。“治理”指的是把事做好，同时还需要让不同的利益相关者都参与进来。同时，还需要一种转变，一种“由上至下”的指挥模式，发挥“掌舵”“领航”的作用。

当前的养老服务治理中，各类治理主体都有特定的资源优势或资源短板。如政府持有资金优势、政策优势，但专业优势不足；社会组织具有专业人才优势，但缺乏自我造血能力；企业有专业优势，经营场所、资金等可能存在欠缺；家庭拥有亲情和照护便利，但精力、专业优势可能不足。这些治理主体拥有的资源众多但都存在一定短板，无法互补、整合、共享、互用，严重制约着我国养老的服务供给和服务质量。根据公共治理理论，对养老服务体系的发展来说，养老服务的各参与方，包括政府、企业、社会组织、个人等均可以成为治理主体，分别在养老服务中担任不同的角色。因此，需要基于我国未富先老的国情和自愿、平等和合作的原则，大力整合一切服务治理主体可以整合的养老资源，为老年人提供医疗照护、生活照料、精神慰藉、社会参与、文化娱乐等养老服务。

# 第三节　社会养老服务体系建设的意义与目标、原则

## 一、社会养老服务体系建设的意义

长期以来，人们对于养老的理解更多地集中于经济上的保障。事实上，对大多数老年人而言，在不久的将来，随着经济的发展、养老保险制度的推进、最低生活保障制度的完善，老年人的基本物质生活需求将会得到有效保障，但生理衰老造成的生活不便问题会日益突出。因此，在和谐社会建设进程中，在老龄化程度日益加深的情况下，构建以照料工作为重心的社会养老服务体系，符合社会发展趋势，具有重要的现实意义。

### （一）提高老年人的生活质量

社会养老服务体系的建设和完善使老年人的养老服务资源更加多样化和专业化，老年人可以根据自己的生理和心理健康状况、家庭状况以及所处的社区和社会环境，在家庭以及各种社会养老服务资源之间选择从何种渠道获得养老服务，而家庭和多种社会养老服务资源之间的竞争可以促进养老服务提供方的良性竞争，使养老服务更加专业化、人性化和多样化，从而使老年人可以获得高质量的养老服务，提高他们的生活质量。

### （二）提升老年人的地位

社会养老服务降低了老年人对于家庭成员提供的养老服务的依赖性，在客观上增强了老年人的独立生活能力，使老年人在家庭中的独立性相对提高，他们无须为了获得其他家庭成员的照料保证而在家庭生活中妥协忍让，在各项家庭和社会决策中可以表现出更为公正、客观和豁达的态度，有利于提升老年人的家庭和社会形象，进而增强他们的自尊心和自信心。

### （三）促进家庭和谐

社会照护服务的多元化为老年人提供了更多的选择。除了家人之外，老年人还可以通过其他渠道获得他们所需要的照顾，这样有助于减轻家庭成员的照料负

担，因此老年人和其家人因照顾问题而产生的摩擦也会减少，同时也解决了因照顾老人产生的各种问题。和谐的家庭环境和较低的照料负担也有利于家庭成员更多地关注他们与老年人之间的情感交流，进而有助于增强包括老年人在内的家庭成员的主观幸福感。

### （四）推进服务产业的发展

随着社会的发展，老年人对用以满足其日常生活的照料需求、精神娱乐需求以及社会交往和参与需求等各项服务的需求量日益增加，因此社会养老服务体系中的各项服务也日益增多，其包含的内容也日趋多样化。社会养老服务体系的发展使各项旨在满足老年人养老要求的服务大大增加，促进了与老年人及人口老龄化相关的服务产业的蓬勃发展，进而推动了中国产业结构的转型。

### （五）促进社会的专业化分工

随着社会养老服务体系的发展，用以满足老年人各项养老需求的服务资源日益多样化，服务的提供更加精细，其人性化程度和专业化水平大大提高，从而诸多家庭中的老年照料者得以从繁重的家庭服务中解脱出来，更好地发挥自身优势，专注于自身发展，参与社会生产和财富创造，在全社会范围内推动劳动力资源的优化配置，实现多方共赢。

## 二、社会养老服务体系建设目标的发展历程

### （一）社会养老服务体系建设目标

社会养老服务体系的最终目标是满足老年人的养老需求，但是就养老需求而言，其内涵是非常丰富的，涉及多个不同的层次。在不同的社会经济背景下，老年人所寻求的帮助和关注的焦点也存在很大的差异。美国著名的心理学家马斯洛曾经把人的需求划分为五个层次，这对于我们了解在不同社会经济背景下老年人的养老需求有重要的指导意义。五个层次的需求划分如下。

一是生理需求，也就是人类最根本的需要，它包含了人类的各种需要，如吃穿住行等。这些需要不能得到解决，就不能维持人们的生活。

二是安全需求，对人身伤害、疾病、灾害和意外事件等方面的安全需求，以及对工作稳定的要求。

三是归属感和爱的需求，此需要包含两个层面：①友情需要，也就是人与人之间的和谐，每个人都想要被他人所喜欢；②归属性需要，指每个人在感情上都有属于一个团体的需要，想要加入这个团体，想要和别人在一起，相互关怀。

四是尊重和自尊心的需求，也就是每个人都想在自己的社会中占有一个稳固的位置，并受到他人的重视与尊敬。

五是自我实现需求，这是一种最高级的需求，即要达到个人的理想和抱负，要充分利用自己的才能，要做符合自己才能的每一件事。

五个层次的需求是一个逐步上升的过程，一般情况下，人以底层的需求为前提，然后再去关注上层的需求。马斯洛的需求层次理论对人们的需要进行了深入的总结，认为人的需求是普遍存在的，包括老人在内。然而，因为老年人的生理机能、价值观和喜好的特殊性，他们的内心需求也各不相同，例如他们健康维护和经济稳定的需要高于一般人群。有学者也利用马斯洛的需求层次理论以及人老年期的生理和心理特点，来分析老年需求的具体内容，从中我们可以发现老年人对于外界的养老服务的需求也是存在不同层次的。

一是基于生理层次的养老需求。主要指老年人对维持生命延续的养老服务的需求，如协助吃饭、穿衣、洗澡、如厕、上下床以及室内走动等，这些服务内容也就是通常为失能老年人（即丧失了基本生活自理能力的老年人）提供的照料服务。将服务内容略做延伸，可以包括做饭、洗衣、打扫卫生、购物等日常家务和生活照料活动。这些活动通常针对的是丧失独立生活能力的老年人群。

二是基于安全层次的养老需求，主要集中在医疗、住房和出行三个方面。针对这三个方面衍生出的诸多养老服务，如专业的健康护理，住房以及社区环境的无障碍改造，创造年龄友好型社区环境，协助出行、购物、就医等与老年人日常生活密切相关的活动，可以克服老年人因为衰老带来的环境适应能力的下降，提高他们的生活质量。

三是归属与爱的养老需求。这一层次更多的是精神层面的关注。老年人需要享受家庭的温暖，能够与子女共享天伦之乐；他们需要参与社会活动，渴望与别人接触和交流，以排解生活中的寂寞。另外，有些老年人会有信仰的需求，以期从中得到心灵的寄托和归属感。基于上述需求，来自家人、邻居与朋友的精神慰藉成为满足该层次老年人养老需求的重要手段；为老年人提供各种参与社会交往、团体活动的机会，也是丰富老年人精神生活的重要方式。

四是自尊的需求。这方面的需求往往延伸为老年人对于自身形体、服饰的关注，对自身知识和修养的提高等方面。为老年人提供各种参与文体娱乐活动、参加学习和培训的机会，以及相关知识的普及和咨询成为满足老年人维护自尊需求的养老服务的内容。

五是自我实现的需求。很多老年人在退休之后健康状况良好，他们还想继续工作，以证明自己的价值，也有很多老年人会利用退休之后的闲暇时间实现自己以往未完成的心愿。因此，为老年人提供参与社会、继续工作、发挥余热、回报社会的机会成为满足他们在这一层次上养老需求的主要方式。

依照五种需求之间的层级关系，上述五类养老需求也存在层层递进的关系，只有在较低层次的养老需求得到满足之后，老年人才会去关注更高层次的养老需求。五类养老需求的层次结构为我们在特定的社会经济背景之下建立、发展和完善社会养老服务体系提供了重要的指导意义。在当前的社会发展水平之下，满足老年人的生存需求成为养老服务的基本目标。2009 年，民政部、国家发展改革委、全国老龄办决定联合编制基本养老服务体系建设规划，同步启动基本养老服务体系建设试点工作。随着社会的发展和老年人生活条件的改善，基于老年人的安全需求、归属与爱的需求、自尊的需求、自我实现的需求的服务项目都将被逐步纳入社会养老服务的范围之内，社会养老服务的内容将逐步拓展，内涵将更加丰富。

基于马斯洛的需求层次理论对老年人养老服务需求的层次进行划分的另一重要意义在于，中国各个地区的社会经济发展状况千差万别，决定了老年人群的养老服务需求内容也存在很大的差别，因此各地养老服务体系建设的内容和进度也将受该地区主体老年人群的影响而存在很大的差异。同一地区老年人群内部的社会经济特征同样存在很强的异质性，在重点针对各地区主体老年人群养老需求的基础之上，要兼顾其他老年人群的较高层次的养老需求，结合他们的特征做出制度上的安排，充分体现效率与公平。

## （二）社会养老服务体系建设目标的发展

### 1. 建设服务体系的提出

由于老龄工作日益受到关注，政府开始制订老龄工作的开展计划，从政策的角度对养老服务进行了系统性的考虑和顶层设计，逐渐意识到要建立一个符合养老需求的服务体系是很有必要的，所以对于应该建立什么样的养老服务体系以及如何建立养老服务体系也有了一些基本的思路和设想，并清楚地提出了诸如“服务体系”“老人护理服务体系”等新的理念。与此同时，人们也意识到了社区对于养老服务体系的重要性，“以社区为核心”“以社区为依托”“以社区为基础，以社区为依托，以社会福利为辅助”的说法得到了广泛的认可，为构建社会养老服务体系奠定了坚实的基础。

《中国老龄工作七年发展纲要（1994—2000 年）》是由国家计委、民政部等部门于 1994 年 12 月联合发布的，其中对老年人工作的总体纲领做出了清晰的规定：“从实际出发，有计划、有步骤推进老龄事业的发展，实现老有所养、老有所医、老有所为、老有所学、老有所乐的目标。”清楚地表示要“积极兴办托老所、敬老院、福利院和各种照料老年人的社区服务组织，逐步形成以社区为中心的生活服务、疾病医护、文体活动、老有所为四大服务体系”。《中国老龄工作七年发展纲要（1994—2000 年）》中，清晰地将“服务体系”这一理念纳入了“以人为本”的范畴之中，并对其所覆盖的范围进行了界定，确定了其中“社区”的重要性，从而开启了中国老年社会服务的新时代。

2000 年 2 月，《关于加快实现社会福利社会化的意见》中指出，“在供养方式上坚持以居家为基础、以社区为依托、以社会福利机构为补充的发展方向，探索出一条国家倡导资助、社会各方面力量积极兴办社会福利事业的新路子”，尽管这份草案没有特别针对养老服务，但是养老服务也被包括进来。此处的表达其实已与后来在构建养老服务系统时所着重强调的“家庭—社区—机构”之间的关系有了轮廓。2000 年 8 月，中共中央、国务院发布的《关于加强老龄工作的决定》中提出“建立以家庭养老为基础、社区服务为依托、社会养老为补充的养老机制”，尽管使用的是“养老机制”这一概念，但事实上却把构建我国社会养老制度的目的又定得更清晰了一些。

2001 年 8 月发布的《中国老龄事业发展“十五”计划纲要（2001—2005 年）》

把5个“老有”扩大到6个，即老有所养、老有所医、老有所教、老有所学、老有所为、老有所乐。在此背景下，提出了“建立以城市社区为基础的老年人管理与服务体系”作为我国养老工作的总体发展方向；关于护理服务，提出了“初步建成养老设施网络”“初步形成以社区为依托的老年照料服务体系，提供全方位、多层次的服务”“建立社区为老服务的有效管理体制和服务队伍”三项具体任务，对老年护理服务系统等的理念进行了更深入的探讨。

2. 明确建设三位一体服务体系

逐步地将“为老社会服务体系”“老年人社会福利服务体系”等确定为“养老服务体系”，同时着重对养老服务体系的结构和功能进行了分析，提出了构建“居家—社区—机构”三位一体的体系，使其发挥出各自不同的作用，然而对这三种职能的理解也有一个逐步加深的过程，尤其是对机构养老职能的理解，呈现出了一个“补充—支持—补充”的演变过程。

在“十一五”期间，关于养老服务我国提出了“以居家养老为基础、社区服务为依托、机构养老为补充”的养老服务体系。在公共文件中，对“居家—社区—机构”三位一体的养老服务体系的构建目标进行了明确阐述的政策文件。2006年8月发布的《中国老龄事业发展“十一五”规划》提出，要加强对老年人的养老服务，“加快建立以居家养老为基础、社区服务为依托、机构养老为补充的老年人社会福利服务体系”，在此基础上，从社会福利角度提出了建立“家庭—社区—机构”三位一体的养老服务系统的设想。2006年12月国务院新闻办公室发布的《中国老龄事业的发展》白皮书明确提出“初步形成以居家养老为基础、社区服务为依托、机构养老为补充的为老社会服务体系”。

在“十二五”期间，有关机构养老的职能表述发生了些许改变，由“以机构为辅”变为“以机构为主”。2011年9月国务院发布的《中国老龄事业发展“十二五”规划》提出“建立以居家为基础、社区为依托、机构为支撑的养老服务体系”。2011年12月，《社会养老服务体系建设规划（2011—2015年）》正式印发，其内容与“十二五”规划基本一致，并在此基础上提出了新的思路，强调“社会养老服务体系建设应以居家为基础、社区为依托、机构为支撑”。2013年9月发布的《关于加快发展养老服务业的若干意见》中提出“到2020年，全面建成以居家为基础、社区为依托、机构为支撑的，功能完善、规模适度、覆盖城乡的养老服务体系”。因此，构建以居家为本、以社区为依托、以机构为支持的社会养老服务体系是我国“十二五”规划提出的发展目标。

但是，在“十三五”规划中，“以机构为主”的思路已经发生了变化，重新回到了“以机构为辅”上来。2015 年 11 月发布的《中共中央关于制定国民经济和社会发展第十三个五年规划的建议》（以下简称《建议》）提出“建设以居家为基础、社区为依托、机构为补充的多层次养老服务体系”。其后，根据这一《建议》制定的《中华人民共和国国民经济和社会发展第十三个五年规划纲要》沿用了这一表述。

3. 医养与养老服务体系建设目标的结合

为了解决构建养老服务系统中的难点——医养分开的问题，在原来的“居家—社区—机构”三合一的模式之外，添加了医养结合的内容，把医养结合融入构建养老服务系统的目的中。

2016 年 5 月，习近平总书记在中共中央政治局第三十二次集体学习时强调：“要积极发展养老服务业，推进养老服务业制度、标准、设施、人才队伍建设，构建居家为基础、社区为依托、机构为补充、医养相结合的养老服务体系，更好满足老年人养老服务需求。”这是第一次把建立养老服务体系的目的概括为“建立以居家为基础、以社区为依托、以机构为补充、以医养相结合的养老服务体系。”自此以后，这个阶段颁布的有关养老的政策都是以这个形式表达社会养老服务体系的构建。2017 年国务院印发的《“十三五”国家老龄事业发展和养老体系建设规划》将以居家为基础、社区为依托、机构为补充、医养相结合的养老服务体系更加健全，并列为“十三五”期间我国老年工作与社会保障制度的重点任务。

4. 居家社区机构相协调、医养康养相结合

养老服务体系建最大的改变有二：一是对家庭社会组织与社会组织之间协调关系的重视；二是在“医养结合”的基础上，将“康养结合”融合，改为“医养康养结合”。

2019 年 10 月，中共十九届四中全会通过的《中共中央关于坚持和完善中国特色社会主义制度 推进国家治理体系和治理能力现代化若干重大问题的决定》明确提出“积极应对人口老龄化，加快建设居家社区机构相协调、医养康养相结合的养老服务体系”。第一次提出了“医养康养一体化”的养老服务系统。2020

年 10 月，中共十九届五中全会通过的《中共中央关于制定国民经济和社会发展第十四个五年规划和二〇三五年远景目标的建议》再次强调“构建居家社区机构相协调、医养康养相结合的养老服务体系”。2021 年 3 月发布的《中华人民共和国国民经济和社会发展第十四个五年规划和 2035 年远景目标纲要》仍然沿用了这一表述。2021 年 11 月发布的《中共中央　国务院关于加强新时代老龄工作的意见》中表述为“构建居家社区机构相协调、医养康养相结合的养老服务体系和健康支撑体系”，在养老服务系统的基础上，还增设了健康支撑系统，但“居家社区机构相协调、医养康养相结合”的基本表述没有变化。

## 三、社会养老服务体系建设的原则

### （一）公平与效率相结合

公平是国家建立社会保障体系所追求的目标及基本原则。养老服务作为社会保障体系的组成部分，社会的弱势群体能够共享经济发展成果是首先需要考虑的问题。政府基于责任和义务需要强势介入和主导养老保障工作，通过制定相关政策措施和完善社会再分配机制来保障社会弱势群体基本生活，防止两极分化和社会矛盾激化。以公平为主的法定养老保障项目，要让每位老年人享有获得服务的公平机会，让经济收入状况不同的老年人的需求在政府所设计的养老服务保障制度中都得到满足。

当然，在非法定的保障项目政策架构上，政府应更多考虑效率。在体系的建设中需通过自身优势组织各方，厘清关系网络，加强监督管理，确保整个服务体系健康运行和高效运转。

### （二）政府与市场相结合

根据福利国家的经验，养老产业发展一般经历三个阶段，即政府主导、政府与市场共同主导、市场主导阶段，我国正处于第二阶段——政府与市场共同主导阶段。养老产业的微利性、缓慢性和公益性等特点决定了完全依赖政府与完全放手给市场都不具备可行性。政府在养老保障中要肩负公共责任，为公民提供最基本的社会养老金和基本养老服务，这是由养老保障的公共物品属性与行政权力的公共性决定的。市场能为老年人筹集更丰富的养老资金，提供多种多样的养老服务内容，弥补政府作用的不足。要实现养老的可持续发展，必须做到人才可持续、发展模式可持续、自主经营可持续。因此，必须走政府和市场结合的道路，既充分发挥政府作用又发挥好市场作用，政府负责托底部分，而政府无法发挥职能之处则由市场发挥作用。

### （三）统一性与多样性相结合

法律法规的制定是一项复杂的、需要统筹兼顾的社会系统工程。法律的统一性是维护法律尊严的必要条件，是保证法律严肃性的重要标尺。然而，我国存在地区差异、收入差距，养老服务体系在坚持统一标准的前提下，在统一规范的基础上，必须考虑多元化、多样性，允许各地区适度灵活调整服务的方法和内容。只有服务方式多样化，才能满足不同层次的养老需求，让老年群体真正安享晚年。服务方式多样化包含以下两个特点。

首先，在既有的条件下，服务内容要尽可能全面，服务的供给方式要灵活多样，让拥有不同需要的老年人自主选择不同的服务。

其次，形成的服务体系方案一定要有很强的操作性和实践性，我国城乡差异、老年人的心理特征、赡养人的意愿需求和不同地区的经济发展情况等因素都要考虑进去，既要关注老年人未来的需求，也要考虑到老年人的当前状况，这样才能得到更多社会人士、有需求的老年人和政府部门以及群众的认可和支持，并促使大家一起参与到方案的优化和执行中。

### （四）权利与义务相结合

《中华人民共和国老年人权益保障法》规定，老年人享有国家、社会等方面的物资援助，享有各种福利待遇，享有各种优惠待遇，并享有各种利益以及享受发展成果。老年人的这些权利是否能充分实现关系着老年人的生活质量，也影响着老年人的幸福感和获得感。老年人作为社会弱势群体，随着年龄的增加与自理能力的减弱，更加需要得到社会的照顾与关爱。对于老年人，其子女负有一定的赡养义务。社会应该采取各种行动，完善各种能够保证老年人权益的体系，逐渐改善老年人的生活、健康、安全以及参与社会发展的环境，让他们真正做到老有所养、老有所医、老有所教、老有所学、老有所为、老有所乐。

权利与义务是统一的：首先，这种统一性表现为不可分割性，也就是说既没有无义务的权利也没有无权利的义务；其次，权利和义务是相辅相成、相互促进的。在养老服务体系建设中，政府、社会、社区、家庭、子女等各方的权利与义务关系需要在法律法规中厘清，在全方位保障老年人权益的同时，也要明确老年人的义务，使老年人的行为受到法律约束。

## 第四节　我国社会养老服务体系建设的发展历程

在养老服务体系中，不仅包括了家庭提供的基本生活设施和生活环境，又包括了社区提供的各种条件和各种服务，还包括了政府和社会提供的相关服务的形式、政策、制度、机构等多种条件。

养老服务体系主要是一种与经济和社会发展水平保持一致的关系，它将满足老年人的基本生活需求、提升老年人的生活品质作为目的，它将面向所有的老年群体，为他们提供基本护理康复、生活照料、精神关爱、紧急救援和社会参与的人才、技术、组织和设施因素，组成一个由这些设施、组织、人才和技术要素组成的网络，它还包括了与之相匹配的服务标准、运行机制和监督制度。

### 一、萌芽期

中华人民共和国成立后至改革开放前，我国的养老服务体系处于萌芽阶段。在这一段时期内，由于中华人民共和国刚刚成立，国家百废待兴，政府重点关注和解决的是社会主义改造、国民经济的恢复等问题，对养老问题的重视程度不够，国家也没有单独提出养老服务体系这一概念，更没有针对养老服务制定专门的政策和法规。在这一时期，老年人的养老问题基本上是由家庭承担的，只有很小一部分人会在养老机构中安度晚年。因此，在这一时期，我们国家的养老服务还未完全建立起来，处在初级阶段。

#### （一）养老服务体系萌芽背景

1．受当时经济结构的影响

在中华人民共和国成立初期，我国学习苏联实行高度集中的计划经济体制，严格的户籍制度使得人口在各个地方的流动受到非常大的限制，无论在城市还是农村，人口在空间上流动的频率都非常低；加之当时工农业发展不平衡，农业在经济比重中占了绝对的主导地位，而且农业生产模式仍然是以人力劳作为主，这种生产方式十分有效地保证了构成社会的基本单元——家庭的稳定性，使家庭为老人提供照料服务更具有稳定性和持续性，家庭有效地承担起了保障老年人老年生活的责任。

2. 当时注重家庭养老

1950年我国总人口约为5.4亿，1980年约为9.8亿，这一时期内老年人口占总人口比例小，社会养老压力小，养老问题并没有成为一个突出的社会问题，家庭的养老功能已经能够基本满足当时社会的养老需求。除了孤寡老人入住国家或集体设置的养老机构外，其他老年人在家中养老。

3. 孝文化的流行

在我国历史上，儒家思想成为社会主导思想，社会长期受到儒家文化的影响，长期以来形成了“家庭养老”的传统模式，赡养年迈的父母是后代不可推卸的责任，“百行孝为先”等道德伦理思想已经深深扎根于国人的脑海中。父母将子女抚养成人，待到父母年迈之时，子女须赡养父母，这是一种不可推卸的责任，不然，将受到道德舆论的谴责。传统的赡养方式以这种“孝文化”为思想基础，由家庭单位直接承担起年老家庭成员的养老责任，在国人的传统道德观念中早已根深蒂固。

“孝”在中华民族几千年的历史中一直被当成最基本的道德规范，社会成员一直有着极强的崇尚“尊老”的社会伦理道德观念。赡养老人强调物质与精神赡养相统一，社会大众仍然普遍认可“养儿防老”的传统思想，传统文化使得人民具有极强的家庭观念，这也使得当时家庭承担养老功能有着极其浓厚的思想文化基础。同时，这一思想也在法律层面上得到了体现，《中华人民共和国宪法》第四十九条规定“成年子女有赡养扶助父母的义务”。

### （二）萌芽期政府在养老服务体系建设中发挥的作用

1. 提出建立养老服务机构

当时我国实行计划经济体制，在这种高度集中的经济体制中，政府当时的工作重点是发展经济和军事，举办的与养老服务相关的公共事业十分有限，能够覆盖的人群也仅限于孤寡老人等弱势群体，为他们提供的也只是最基本的救助。

生产教养院是最早的带有养老服务色彩的机构。政府为了对城镇流离失所的人员进行救济教育和劳动改造而设置了生产教养院，设置生产教养院的初衷是为这些人员提供一个安身之所，它并不是专门的养老机构，为机构中收纳的老年人提供服务也不是它主要的目的。根据统计，到1953年年底，全国约建成这类机构920个，接收的孤寡老人约10万人。后来，对生产教养院加以改造，不再接收有劳动能力的人员，成为专门为孤寡老人提供服务的机构，名称也变更为“养老院”。1964年，全国类似机构增加到了733个，收容安置约7.9万人。

在农村，敬老院是在农村“五保户”的基础上发展起来的。1956年农业合作化时期，农业生产合作社对缺乏劳动能力，生活没有依靠的孤寡老人实行保吃、保穿、保住、保医、保葬，简称“五保”。1958年人民公社化时期，对“五保户”实行集中供养，在全国各地兴办了一批敬老院。

2. 颁布政策——建立社会保险

《中华人民共和国劳动保险条例》于1951年2月26日公布，并经过1953年和1956年两次修改，使中国城镇工人的劳动保障体系得以完整建立。其中，对职工的养老待遇做出了明确的规定。这份条例并不是为养老而制定的，且其涉及范围有限，只是针对城镇职工。

### （三）养老服务体系在萌芽期的特征

1. 养老服务的二元结构

改革开放之前，城镇老年人能够得到单位福利制度支持，年轻时有了就业保障，年老时也就有了生活保障，能够依靠机关、企事业单位保障他们的基本生活，而且城镇家庭的经济条件相对较好，家庭和单位共同提供老年人的养老服务。虽然受到当时社会总体经济发展的制约，家庭和单位所能提供的养老服务不多，但在两者的齐心协力下，不足的养老服务资源得到了比较充分的利用。老年后的保障职责是由单位来承担的，因为各个单位的效益和福利制度的不同，导致了不同职业、不同层次、不同群体的工作人员所享有的福利待遇也存在着差别。

在农村，除了“五保”家庭的老人由国家和集体提供养老保障之外，其他老人的养老保障主要靠家庭来提供，有时也辅以邻里和亲戚的帮助。农村在土地政策上也对鳏寡孤独有所倾斜，进行土地改革时，鳏寡孤独比普通人适当地多分土地，但是这也不能从根本上解决老年人生活保障的问题，仍存在有地却没有能力耕种的现象。在推行人民公社和合作化后，集体承担了更多为老年人提供养老保障的责任，用集体劳动中的一部分成果来保障老年人的生活。毛泽东同志曾经指出："一切合作社有责任帮助鳏寡孤独缺乏劳动力的社员（应当吸收他们入社）和虽然有劳动力但是生活上十分困难的社员，解决他们的困难。"① 在乡村地区，老人的照顾和看护等基本是通过家庭来完成，而以社区互助为主要方式的非组织方式则成了一种重要的补充。

城市的家庭有很强的养老能力。虽然在这一时期资源是有限的，但是家庭和单位可以组成一个力量，每个人都可以尽自己的力量让老人的养老服务资源很好地发挥出来。在乡村，"五保"是由国家和社会共同承担的，而其他乡村则只能依靠自己的力量，或者依靠亲属、邻居的帮助来承担。那时，中国的社会养老事业呈现出一种十分鲜明的二元结构。

2．政府参与养老服务建设不及时

在这一时期，我国学习苏联实行计划经济体制，由政府举办的养老服务的公共事业项目不多，而且能够保障的人群范围也是有限的，仅限于对社会弱势群体的低水平的救助。当时国企已经构建并设立了一系列与其本身的生产经营不存在直接关系的组织和设施，它们担负起了对职工生活、福利、社会保障等社会功能，这就是"企业办社会"的现象。城市中的工作人员，老年以后的生活保障问题，可以由各部门的内部福利来解决，这就使得不同群体、不同职业、不同层次的工作人员可以得到不同的福利待遇。而在乡村地区，除"五保"之外，其余的老年人基本是由自己的家庭来承担。

从中华人民共和国成立到20世纪80年代之前，除了在宪法上明确规定了成年子女有照顾父母的义务，在养老服务方面政府并没有做出系统性的安排，国家设立的养老院仅仅是为城镇"三无"老人和农村"五保户"老人提供养老服务。例如，在1958年中共八届六中全会上通过的《关于人民公社若干问题的决议》提出："要办好敬老院，为那些无子女依靠的老年人（"五保"户）提供一个较好的生活场所。"在当时，养老仍然被认为是家庭内部的事务，是子女需要负起的责任，还没有认识到国家对提供养老服务和保障也有不可推卸的责任。在这一阶

① 本社．毛泽东思想光照千秋[M]．长沙：湖南人民出版社，1978．

段，国家只是有限地干预养老事业的发展，绝大部分个体的养老服务需求都能够在家庭内部得到解决，养老服务也没有成为普遍的社会问题，因而家庭作用是主导的，机构养老只是一个必要的补充。

3. 以家庭养老为主

家庭养老方式在我国养老方式中占有绝对主导地位，“养儿防老”经过上千年历史积淀已经深深根植于中国人民的思想中。用现代社会保障的观点来看，父母在有劳动能力的时候生育和抚养子女，就类似于为养老而投入的社会保障基金。当父母年老时，丧失或者部分丧失劳动能力，子女正好处于劳动年龄，有能力赡养父母，这就类似于保障基金开始给付。因此，生育子女就成了一种保障老年生活的方式。

从传统家庭的角度看，这种养老基金的缴纳、积累、增值以及给付，是一个合情、合理、合法的过程，衔接的过程也非常稳定。总之，在中国传统家庭中，家庭承担着老年人生老病死的全部风险，用于赡养老人和老年人养老的花费也全部由其家庭承担。

## 二、探索期

改革开放之后到 2000 年，我国养老服务处于探索发展期。这一时期，我国政治、经济、文化环境发生了巨大变化，开始了社会主义市场经济体制改革，开始了建立独立的社会保障体系之路，为老年公民提供基本的生活保障，推进社会福利社会化，以福利改革为社会福利社会化改革的突破口。在这一时期内，国内的养老机构如雨后春笋般迅速发展起来，社区养老这一属于第三产业的新型养老方式开始受到重视，得到了一定的支持，也得到了不错的发展。虽然家庭依然是养老服务的主体，但在家庭之外，机构养老和社区养老也逐渐兴起。

### （一）养老服务体系探索期的背景介绍

1. 社会进入市场经济

随着改革开放的号角吹响，我国开始引入市场经济，实行社会主义市场经济体制，国有企业改革，“企业办社会”的现象消失了，单位能够给员工提供的服务越来越少，甚至有些企业转轨后，员工没有机会再享受单位的任何福利待遇。

到如今，由用人单位为其员工提供养老服务的现象已经基本消失，逐渐被社区和其他组织提供的养老服务所取代。

2. 计划生育政策的实施

1982 年计划生育政策被确定为我国的基本国策，改革开放以前占绝对主导地位的家庭养老的功能不断被削弱。然而，虽然其功能有所削弱，但是家庭养老仍是改革开放后乃至今天最主要的养老方式，这种养老方式在传统文化的影响下已经成为一种非常稳定的模式。但是，随着经济的发展，社会的转型，人口结构的变化，给我国的家庭养老带来了一些问题，这使得我国在制度、政策和资金等方面都难以应对。公共需要与国家提供公共物品和公共服务的能力存在着明显的矛盾。

### （二）探索期政府在养老服务体系建设中发挥的作用

1. 举办福利事业

1979 年，民政部重新确认了社会福利事业的本质，明确了社会福利事业的发展方向。1984 年 11 月，在全国城市社会福利事业单位的改革整理工作会议上，对“社会福利社会办”的城市社会福利事业的指导思想予以确定。1987 年，民政部明确指出要大力发展城镇居民社会保障，并将其纳入社会保障体系。由国家主导的社会福利事业转变为国家、集体和个人共同参与的社会福利事业。除此之外，还在乡村地区，对其进行了激励和扶持，并在其基础上建立起了敬老院。同时，还积极地将社会各个方面的力量动员起来建设养老服务设施和机构，将机构的服务范围扩展到了社会上的老人。1998 年 3 月，民政部在 13 个城市中挑选出一批试行社会福利社会化的地区，把它当作一个三线产业来推动。2000 年，为了推进这一工作，国务院办公厅转发了《关于加快实现社会福利社会化的意见》。

2. 制定养老服务相关的法规

随着养老事业的发展，国家对它的关注也越来越多，一系列与之有关的法律、法规也随之颁布，如《老年人社会福利机构基本规范》《社会福利机构管理暂行办法》《农村敬老院管理暂行办法》《老年人建筑设计规范》等。用法律和法规对其进行规范，为老年人提供的服务内容也变得更加广泛，从单纯的生活保障发展为集居住、医疗服务、康复和娱乐于一身，从而提高了养老服务的质量。

3. 完善养老保险

1985 年 9 月发布的《中共中央关于制定国民经济和社会发展第七个五年计划

的建议》成为我国养老保险工作的指导性纲领。1995年3月，国务院发布了《国务院关于深化企业职工养老保险制度改革的通知》，确立了我国对企业职工养老保险制度改革的目标和"社会统筹和个人账户相结合"的原则，对基本养老保险金计发办法、个人账户管理建立等主要问题，做出了变革决定。1997年，我国明确了社会统筹和个人累积相结合的养老保险制度改革方向，并努力实现筹资模式从现收现付变为部分积累，支付模式从收益确定型变为缴费确定型，资金来源从完全由财政拨款变为由政府、企业和个人共同负担。

### （三）探索期吸取经验教训

不少的西方国家在公共服务行业中引入了市场机制，希望通过市场发挥对养老资源的配置作用，通过更多资本进入养老产业触发竞争机制，通过私人资本之间的竞争、私人资本与公共部门的竞争，能够促进养老行业的良性发展，为老年人提供更好的养老服务。与西方国家养老服务主体多元化不同，我国在改革开放后实行福利社会化改革，政府应该在养老服务行业发挥主导作用。此时却出现了一个严重问题，在实行社会主义市场经济后，很多行业都开始引入市场机制，养老行业也不例外，部分地方政府通过养老服务市场化，将养老责任推给社会和市场，对养老服务行业完全放手不管。社会福利社会化的政策被扭曲了。这对养老服务体系的发展造成了极大的不良影响，同时也为我国养老服务体系的进一步发展提供了宝贵的经验和教训。

## 三、形成期

从2000年到现在，我们已经进入了一个系统的成型时期。从2000年起，我国步入了人口老龄化社会，养老问题日益突出，对国民经济的发展产生了重大的影响。要想应对人口老龄化给社会造成的压力，就要不断地改进和完善养老服务系统。在这一时期，社会对老年人的重视程度逐渐提高，并逐步走向制度化。

在经济、人口、政治和文化等社会结构发生剧烈变化的今天，老年人所依赖的社会基础已不再完整，因此建立一套与此相适应的老年人服务系统就显得尤为重要。

### （一）养老问题突出

虽然改革开放后我国经济获得了长足的发展，但是仍然无法满足人口老龄化的需要，因此国家必须将养老公共事业交给社会，调动全社会的力量，这就是社会福利社会化。2000 年 2 月，国家有关部门印发《关于加快实现社会福利社会化的意见》，其中清楚地指出，要推动社会福利社会化的政策。在养老模式上，应以居家养老为主、社区养老为依托、社会福利机构为辅助；国家积极调动一切社会资源，发展养老福利事业。中国“社会福利社会化”主要表现为：投入主体多元化、服务对象公民化、服务方式多元化、服务团队专业化。

“社会福利社会化”是我国独创的一个概念。以前并没有“社会福利社会化”这个概念，与之相近的一个概念是第二次世界大战后西方国家提出的“社会福利民营化”。“社会福利民营化”是指政府将社会福利的供给通过服务承包、补贴制度、市场等方式完全或部分转移到民营部门。

### （二）养老服务主体更加多元

在改革开放之前，我国的社会养老制度以家庭、单位为主体，其社会保障程度较低，运行方式比较简单，但总体上能够满足老年人的生活需要，使老年人能够安心地度过晚年。该办法与当时的经济、社会情况相适应，对于保证老人的基本生活，维持社会的安定起到了很好的效果。改革开放以来，我国的经济、社会条件已经出现了很大的改变，因此老年人的生活方式也在随着时代的发展而改变，最主要的一种改变就是老年人的生活方式从原来的家庭、单位逐渐走向了多元化。这是社会主义市场经济条件下养老服务发展的必然趋势。与此同时，养老服务的对象也发生了改变，范围从孤寡老人扩展到了全体老人。按照养老服务的主体，目前我国的服务体系有三种：家庭养老服务体系、社区养老服务体系和社会养老服务体系。

### （三）政府大力支持养老服务公共事业的发展

各级政府继续推进社会化，积极调动社会力量参与养老事业建设，通过加大财政投入完善养老保障，鼓励和支持养老机构的建设和发展，我国的养老服务呈现出投资主体多元化、服务对象公众化的特征。我国的养老行业引入了市场化机制，适应社会主义市场经济体制的发展格局，较好地保障了特殊对象的需求，一定程度上满足了社会公众对福利事业的要求。

为那些不在养老机构居住的老年人，开展以社区为单位的照护和照料为主的家庭照护服务。2000年以来，江浙地区的居家养老试点工作已逐步开展，并取得了一定的效果，被社会各方所认可。在汲取了前车之鉴后，国家老龄委办公室和民政部等10个部委在2008年1月共同发布了《关于全面推进居家养老服务工作的意见》，为做好居家养老工作做出了总体安排。在实行“居家养老”的时候，各地的政府要依据自己的财力情况来决定所要享有的权益，通常情况下，所享有权益的对象是70岁及以上的老人。以老年人的家庭收入状况、老年人自身的身体状况为依据，将老年人划分为几个等级，并依据等级的差异，享有与之对应的财政补助，为老年人提供的服务包括了最基础的生活照料，为老年人提供的卫生设施和卫生服务，同时还包括了对老年人的精神安慰。

## 四、养老服务体系的正式提出

### （一）养老服务体系的提出

这一阶段最为显著的成就就是“养老服务系统”这一理念的确立。在2006年2月举行的第二次全国老龄工作会议中，提出发展“以居家为本、以社区为本、以机构为辅”的中国特色的养老服务体系。在2008年末，民政部召开的全国民政工作会议中，明确指出要构建并健全“以居家为基础、以社区为依托、以机构为补充”的养老服务体系，目前已步入了具体的实践阶段，其体系也在逐渐健全之中。

我国从2000年开始实施社会福利社会化，2005年开始实施《关于支持社会力量兴办社会福利机构的意见》，2006年开始实施《关于加快发展养老服务业的意见》，到现在，国家已经制定了一套完善的法律法规，并推出了一系列的政策来推动养老服务的标准化。《关于支持社会力量兴办社会福利机构的意见》中提出了“坚持非营利性”和“公益性”的原则。此外，还明确提出了“各地要按照建立以国家办福利机构为示范、以其他多种所有制形式的福利机构为骨干、以社区福利服务为依托、以居家供养为基础的社会福利服务体系的整体要求，对于社会力量根据当地社会福利事业发展规划和区域社会福利机构设置规划依法兴办的非营利福利机构给予政策和资金的扶持”。在《关于加快发展养老服务业的意见》中，“养老服务业”作为一个专门用语被明确提出来。它是为老年人提供生活照顾和护理服务，满足老年人特殊生活需求的服务行业。

### （二）政策对养老服务体系发展的指导

1. 鼓励社会力量参与

通过对投资进行补助、运营补贴、贷款贴息、购买服务等方式，对社会力量进行扶持，并大力鼓励其投资建设面向失智、失能、高龄老年人的医养结合型养老机构以及养护型、医护型养老病床。在资金、用工、税收和土地上，对社会力量开办的养老服务机构实行更多的优惠。鼓励国外资金在老年服务领域的投资。支持私人资金对企业厂房、商业设施以及其他可供使用的社会资金进行整合、改建，为老年人提供更多的养老服务。

2. 公办养老机构建设

增加公共养老服务经费，强化公共养老服务。要做到有节制，不搞铺张浪费，要充分发挥公立养老机构的基本功能。探讨在公立养老机构中，对老年人的居住状况进行评价，以满足他们的需要为目标，如特困老人、经济困难老人、失独家庭老人以及有特别贡献的老人。要对农村特困人员供养机构进行完善，使其具有更好的托底保障作用，在保证对农村特困人员进行集中供养的基础上，鼓励和支持有条件的机构，主动为农村的其他老人提供养老服务。

3. 公办养老机构改革

进一步完善“公建民营”的管理制度，扩大公立养老院“公建民营”的试点范围。支持政府投资的新建、改建和购买的养老设施，在新建住宅区按照要求配套的养老设施交由民政部门管理，通过“公建民营”和其他形式，实行社会化运营。“公建民营”的养老机构，在优先接纳有需要居住的人的前提下，将空余的床位面向社会残疾老人和高龄老人，以保证其公益功能的持续发挥和资产的安全。鼓励公立养老机构进行服务外包，为在院老人提供高质量、安全和方便的服务。

4. 促进医疗卫生和养老服务相结合

加速推进医疗卫生与养老服务的融合，构建并完善医养结合的体制机制以及相关的政策法规，让医疗卫生和养老服务的资源得到有序的共享，形成一个覆盖城乡、规模合适、功能合理、综合连续的医养结合服务网络。

5.创新养老服务投融资机制

推进政府购买居家养老服务，改进老年人在老年人护理方面的金融服务，提高金融对老年人护理服务的支持能力。在《民政事业发展第十三个五年规划》中明确提出，要在积极应对老龄化的基础上，加快发展养老服务业，形成以“居家为基础、社区为依托、机构为补充、医养相结合”的多元化养老服务体系，并在此基础上，创新投资与融资方式，探索建立长期照护保障制度，充分开放市场，扩大养老服务与产品的供给。

## 第五节 我国社会养老服务体系建设发展的成效与问题

### 一、社会养老服务体系建设的主要成效

#### （一）养老服务目标明确

经过近年来的大力推动，中国养老服务体系建设取得了积极进展。一是经过多年探索，养老服务体系建设目标已经逐渐明确。根据中共十九届四中全会、中共十九届五中全会精神，已经明确要构建居家社区机构相协调、医养康养相结合的养老服务体系，即要建设一个结构合理、功能齐全的养老服务体系，以满足老年人养老服务需求和美好生活需要。有了明晰的建设目标，就能够进一步明确养老服务体系建设的各项任务，推动养老服务高质量发展，为实现老龄事业和老龄产业协同发展提供支撑。中国养老服务体系建设目标的逐渐明晰，经历了长期的探索，反映了随着养老服务体系建设的不断推进，对其规律性和目标指向在理论上有更深的认识，对实践有更好的把握，是这些年来养老服务体系建设颇具成效的重要体现。最新的建设目标反映了近年来社会主义现代化建设强调统筹推进、强调问题导向的突出特点，有利于在新发展阶段站在新的起点上推动养老服务体系建设迈上新台阶。

### （二）养老服务体系逐渐完善

经过近年来养老服务体系建设的不断推进，制度建设也取得了明显进展，养老服务政策体系基本成型。从养老服务供给流程来看，政策涉及市场准入、服务供给、服务监管等全流程；从养老服务类型看，政策涉及居家社区养老服务、机构养老服务等；从政策领域上看，涉及财税、土地、投融资、人才等。总之，涉及面广，几乎覆盖了养老服务体系建设的方方面面，尽管还存在许多有待完善的地方，甚至一些关键制度如长期护理保险制度建设还处于试点阶段，但总体上当前已经基本上建成了一个较为系统的政策体系，为推动养老服务高质量发展提供了必要的政策支撑。

### （三）养老服务供给能力增强

伴随着养老服务体系的建设，养老服务的供给情况也在不断改善。国家卫生健康委员会发布的《2020 年度国家老龄事业发展公报》数据显示，截止到 2020 年末，全国共有各类养老机构和设施 32.9 万个，养老床位总数达到了 821 万张，同比增长了 5.9%，每千名老年人拥有的养老床位为 31.1 张。在这些机构中，有 3.8 万家已登记注册，同比增长 11%；有 488.2 万张床位，同比增长 11.3%；29.1 万个社区养老机构和设施（其中，14.7 万个社区互助型养老设施），332.8 万个社区养老服务床位。同时，加强对老年人的兜底保障。该报告数据还显示，截止到 2020 年末，在全国范围内享受老年人补贴的一共有 3853.7 万人，其中有 3104.4 万人享受高龄补贴，535 万人享受养老服务补贴，81.3 万人享受护理补贴，以及 132.9 万人享受综合老龄补贴。2020 年，为老年人提供福利的资金达到了 517 亿元。

## 二、社会养老服务体系建设存在的主要问题

与中国社会养老服务体系建设目标相对照，实际上就可以发现当前体系建设过程中存在的主要问题，表现为基础不牢、依托不稳、兜底不足、协调不够、结合不紧、政策不实。

### （一）缺乏家庭的支持

社会变迁的基本趋势是家庭养老服务功能逐渐削弱，要发挥居家养老在社会

养老服务体系中的基础作用，首先应该出台家庭支持政策，使家庭仍然能够在一定社会支持的情况下承担基本的养老服务功能，为老年人居家养老创造一个良好的家庭环境。但目前仍然缺乏一套比较系统的家庭支持政策去鼓励家庭成员主动承担养老责任，社会软硬环境也没有适应社会变迁而更加适老化，居家养老的基础作用仍然主要依靠家庭内部资源在支撑，养老服务体系建设中所强调的以居家为基础缺乏必要的支撑条件，使这一基础非常薄弱，抗冲击能力和承担养老功能的能力大为欠缺。

## （二）社区养老服务发展较落后

当前社区养老服务是养老服务体系建设中的短板。由于中国养老服务体系建设仍然处于初级阶段，加之在相当长的时期内存在重机构建设、轻社区服务的倾向，因此当前养老服务体系中，社区服务十分薄弱。大部分社区没有真正的社区养老服务，在少数开展服务的社区，也存在服务项目少、水平低、设施差、覆盖面小等一系列问题，与老年人的养老需求、与实现养老服务体系建设的目标都相差甚远。究其原因，主要有两个方面：一方面是政府有关部门在社区养老服务中的职能发挥不够。很多基层政府及有关职能部门在养老服务上对自身职责理解十分片面，仍然将自己的职责局限于服务“三无”和“五保”老人，没有意识到对所有老年人所应担负的公共服务责任，导致长期以来只局限于保障“三无”和“五保”老人的养老服务投入，对社区养老服务不投入或投入较少，导致社区养老服务发展长期滞后。另一方面是社区养老服务资源明显不足。由于社区建设中缺少对养老服务的考虑，大多数社区养老服务的基础设施明显不足，再加之投入不足，无力通过改造、置换等方式新增养老服务场所、设施及配备相应人员，导致社区养老服务缺资金、缺场地、缺设施、缺人员，无法真正得以开展。

## （三）养老机构功能不明确

虽然机构养老在整个养老体系中的比重不高，但却有着十分重要的作用。机构养老应该成为老年人通过居家养老和社区服务无法满足养老需求时的最后保底选择。当前的养老机构建设出现了严重的功能紊乱：公办养老院走向两个极端，一方面部分城市公办养老院成为公共养老资源的密集投放区，建设标准高、条件好，“一床难求”，已逐渐成为城市样板工程、政绩工程，同时也成为少数人享用的特殊养老服务机构，普通民众很难进入；另一方面农村敬老院建设严重滞后，条件差、服务水平低，民众入住意愿不强，甚至一些“五保”人员也不愿入住。民办养老机构整体水平参差不齐，入住率普遍偏低，存在机构床位空置率高和盈利状况差的典型特征。这种状况严重影响了机构养老的兜底作用。

### （四）对居家社区机构之间的关系不明晰

社会养老服务体系要实现各部分之间功能协调，相互配合，共同满足老年人的各类养老服务需求。理想状态下，家、社区、机构应该实现无缝衔接，依托相应的社会服务，为老年人提供覆盖各类服务需求的全链条式服务供给，使老年人在生命周期的各个阶段都可以在某个渠道获得需要的养老服务，而不会出现因从一种状态向另一状态转移导致需求变化却无法满足的情况。但目前家、社区和机构之间的关系并没有完全理顺，老年人居家养老并不能获得需要的社区和社会服务支持；当老年人必须寻求专业化的护理服务时，也难以寻找到相应的养老机构。

### （五）医养康养未实现真正意义上的结合

医疗是养老的必备条件，但是迄今为止，无论是居家养老的老年人，还是机构养老的老年人，其利用医疗资源仍然存在诸多不便。主要表现在：①社区卫生服务能力弱、实际利用率较低，导致居家养老的老年人无法就近方便地获得必要的医疗保健服务；②大多数养老机构不具备提供医疗卫生服务的条件，也未与相关医疗机构建立紧密的合作关系，居住在这些机构的老年人获取医疗卫生服务同样十分不便；③医疗保险制度对养老机构内部医疗机构的监管存在一些疑虑，对将这些医疗机构纳入医保定点单位持谨慎态度，同时医保异地结算仍存在一定障碍，也影响到老年人医疗服务的获得。同时，医养分属不同部门，管理缺乏统筹协调。由于“医”“养”领域的公共资源由卫生、民政等不同部门分配，而且“医”“养”又受到社保、财政等因素制约，各部门对相关政策的认识可能存在不一致、对相关政策调整和落实可能不同步，导致医养结合存在不少难题，康养结合比医养结合难度更大、要求更高，因此在医养结合尚且存在诸多问题的情况下，推行康养结合更是困难重重。

### （六）政策实施力度不够

如今，为推进养老服务体系建设，政策出台的频率明显提升，但是政策重制定、轻落实的倾向比较明显，以文件落实文件的情况比较普遍，一些政策在中央层面出台后，地方政策文件只是照搬中央文件的表述或是简单转述，而没有按照因地制宜的原则，结合本地区实际提出符合本地实际情况的具体落实措施，导致一些政策空转，看似每一层级都很重视，都发了文件，但中央政策精神却无法真正落实，难以惠及相关养老服务供给参与主体和广大老年人。在政策制定到发生效果中间存在诸多环节，当前缺乏对这些环节的监督检查，从而使一些政策不能产生实效，这是推进养老服务体系建设过程中必须密切关注的问题。

## 第六节　我国社会养老服务体系建设的保障措施

### 一、明晰政府与市场关系

中共十八届三中全会通过的《中共中央关于全面深化改革若干重大问题的决定》指出，经济体制改革是全面深化改革的重点，解决这一问题的关键在于如何正确处理好政府与市场之间的关系，既要充分发挥市场的主导作用，又要充分发挥政府的作用。近几年，在养老服务方面，如何处理好政府与市场之间的关系，也成了一个很重要的话题，在各种政策文件的出台中，政府与市场之间的界限逐步清晰起来，使得养老服务的供给责任更加明确。

#### （一）明确政府在养老服务中的责任

2019 年 4 月，《国务院办公厅关于推进养老服务发展的意见》（国办发〔2019〕5 号）指出，到 2022 年实现所有人都能享受到基本养老服务，切实满足老年人多样化、多层次的养老需要。这又一次强调了政府对基本养老服务的保障职责。2021 年 11 月发布的《中共中央　国务院关于加强新时代老龄工作的意见》中提出，要在党委领导下，充分发挥政府的主导作用，让全社会都能参与进来，让所有人都能参与进来，为老年人提供最基本的福利产品和服务。同时，要建立基本养老服务清单制度，这其实就是对政府责任的又一次明确。

### （二）明确市场在养老服务资源配置中的作用

《意见》提出“充分发挥市场在资源配置中的基础性作用”，这一文件出台于中共十八届三中全会之前，所以沿用了之前的提法，仍然强调的是市场起基础性作用，但实际上在中共十八届三中全会以后，已经明确了市场在养老服务资源配置中的决定性作用。2015 年 2 月，民政部、国家发展改革委、教育部等 10 部委联合发布的《关于鼓励民间资本参与养老服务业发展的实施意见》（民发〔2015〕33 号）中明确提出该文件的出台就是为了落实《意见》精神，充分发挥市场在资源配置中的决定性作用。该文件提出了鼓励民间资本参与居家和社区养老服务、鼓励民间资本参与机构养老服务、支持民间资本参与养老产业发展等一系列充分发挥市场机制、鼓励社会力量参与养老服务供给的措施。2021 年 11 月，《中共中央　国务院关于加强新时代老龄工作的意见》中明确强调“充分发挥市场机制作用，提供多元化产品和服务”。

### （三）明确养老服务供给方式多元化

多元化的供给模式就是指多主体参与，以多元化的方式提供养老服务。尤其是政府要减少直接向老年人提供养老服务，更多地依靠各种社会组织。政府购买服务是一个典型例子，政府不参与服务的供给，但可通过购买服务的形式履行基本养老责任。公办养老机构改革是另一个例子，2013 年 12 月出台的《民政部关于开展公办养老机构改革试点工作的通知》（民函〔2013〕369 号）中提出“推行公办养老机构公建民营”。2016 年 12 月印发的《国务院办公厅关于全面放开养老服务市场提升养老服务质量的若干意见》（国办发〔2016〕91 号）中再度提出要加快推进公办养老机构改革，并提出到 2020 年，政府运营的养老床位数占当地养老床位总数的比例不得超过 50%，并鼓励各类社会资本以多种方式参与公办养老机构改革。近几年来，这一工作在不断地进行，实质上是一种转变过去由政府直接向社会公共养老机构提供养老服务的方式，实现对社会养老服务供给的多元化。2020 年 12 月印发的《国务院办公厅关于促进养老托育服务健康发展的意见》（国办发〔2020〕52 号）中再度提出“扩大多方参与、多种方式的服务供给”的思路。2021 年 11 月发布的《中共中央　国务院关于加强新时代老龄工作的意见》中提出要“通过直接建设、委托运营、购买服务、鼓励社会投资等多种方式发展机构养老”。

## 二、推动养老服务市场开放，增加养老服务供给

要扩大养老服务的供给，最重要的就是要促进市场的开放，吸引更多的社会力量。2016 年 12 月印发的《国务院办公厅关于全面放开养老服务市场提升养老服务质量的若干意见》中明确了全面开放养老服务市场的要求，并在此基础上进一步完善了我国养老服务体系。

### （一）降低准入门槛

开办营利性养老机构要按照“先照后证”的规定到工商部门注册，并向所在地的民政部门提出开办许可申请。经民政部门注册的非营利性养老机构，可以在其注册地所辖区域内依法设置多个非法人组织的服务点，并建立相应的服务点。外商投资的养老服务项目与当地投资企业在政策上一视同仁，地方政府不能以任何理由限制外商投资的发展。

### （二）放宽外资准入

在鼓励外国投资者在中国举办营利性养老机构的同时，还要加大市场开放力度，并鼓励外国投资者建立非营利养老机构。外商投资兴办的非营利养老机构在政策上享有与国内投资者相同的优惠。

### （三）精简行政审批环节

对申请养老机构的不合理前置审批项目进行全面清理、取消，对审批程序进行优化，并对审批过程进行简化。申请建立一个养老服务社会组织，如果满足了直接登记的条件，那么它可以在民政部门依法进行登记，而不需要经过业务主管单位的审核和批准。对新型的养老业态进行扶持，对除养老机构之外的其他提供养老服务的主体，鼓励其依法进行法人注册，并享有相应的优惠政策。

2019 年 4 月印发的《国务院办公厅关于推进养老服务发展的意见》中再度提出要全面实施外商投资养老机构的国民待遇。明确了海外资本以某种方式参与到养老服务的发展中，将其纳入了政府的保护范围，并将其与其他国家一样，享有相应的待遇和政策。在这一系列的政策中，采取了降低准入门槛、放宽外资准入、简化行政审批环节等措施，能够让更多的主体加入养老服务供给中来，从而提高

了养老服务的供给能力，优化了供给结构，提高了服务质量，促进了养老服务市场的繁荣，更好地满足了老年人的养老服务需要。

## 三、加大社区养老服务的发展

在构建社会养老服务体系的过程中，社区养老服务是非常重要的一个环节，它不仅决定了居家养老服务的质量，还对机构养老服务的需求产生影响。但是，在很长一段时间里，中国的社区照料服务一直都很薄弱，这也成了我国社会照料体系中一个很大的缺陷。近几年，为了改善这一不足，政府也出台了一系列的政策和举措，以推动社区养老服务的发展。

### （一）明确了社区养老服务发展目标

社区服务的发展目标包含了两个全部覆盖：基本的养老服务（生活照料、医疗护理、精神慰藉、紧急救助等）全部覆盖居家的老年人；在所有城镇社区，基本养老（符合标准的照料中心和老年人活动中心）均已建成。在《“十四五”民政事业发展规划》中，提出了“大力推进城市新建城区、新建居住（小）区按标准配套建设社区养老服务设施，配建设施达标率达到 100%”“推动构建城市地区‘一刻钟’居家养老服务圈”“优化城乡养老机构床位结构，推动护理型床位占比不低于 55%”等具体目标任务。

### （二）明确了社区养老服务的发展方向

《“十三五”国家老龄事业发展和养老体系建设规划》于 2017 年发布，其中明确指出，要进一步加强对居家养老社区等方面的支持。要大力支持社区对独居和空巢老人的家庭进行定期走访；支持城乡社区在服务中起到桥梁的作用，建设一个综合性的社区信息平台，加强对家庭养老服务的信息收集与对接，增强服务的针对性与专门性。在《中华人民共和国国民经济和社会发展第十四个五年规划和 2035 年远景目标纲要》中，提出要健全社区、居家养老服务体系，加快公共设施的适老化改造，扩大专业化的服务范围，充分发挥现有资源的优势，大力发展新型的社区嵌入式养老模式。在《“十四五”民政事业发展规划》中，也从服务保障、服务网络、产业发展、人才建设和监管等方面提出了明确方向和一系列政策措施。

### （三）明确了社区养老服务的责任

2021 年 11 月发布的《中共中央 国务院关于加强新时代老龄工作的意见》中，明确提出要通过建立、改造和租赁等方式，来创新家庭和社区养老服务模式，提高社区养老服务水平，重点建设街道（乡镇）和城乡社区两个层次的养老服务体系，以社区为依托，开展以家庭为主的多元化养老服务，明确规定：第一，各地政府应积极探索和推进职业教育向社区和家庭延伸的模式。第二，在助餐、助洁等方面，由街道社区来承担引进专门为老人提供服务的专业机构的责任，由社区组织来引进有关的护理专业机构来进行家庭中的老人的照护工作；政府要加大对该机构的管理力度和监管力度。第三，政府应大力扶持和引导养老行业的发展。第四，发挥基层党组织的作用。

### （四）开展了多批养老服务试点

自 2016 年开始，民政部和财政部已经连续多年进行居家和社区养老服务改革试点。试点目标是，通过中央资金引导，鼓励地方加大政策创新和资金投入力度，统筹各类资源，优化发展环境，逐步认识和把握居家和社区养老服务发展的规律，取得一批服务内容全面覆盖、社会力量竞争参与、人民群众普遍认可的居家和社区养老服务成功经验，形成比较完备的居家和社区养老服务发展环境和推动机制，鼓励其他地区借鉴应用，快速提高中国居家和社区养老服务发展能力和水平，切实增强人民群众的获得感。

## 四、加大扶持力度，降低服务供给成本

降低成本，既是我国养老服务行业发展的需要，也是目前我国养老服务行业面临的一个特殊问题。近几年，我国政府制定的一批减少养老机构提供费用的政策措施，基本都是按照《意见》中所规定的方针进行的，其实施范围很广。在对投融资政策进行改进的过程中，主要包括了对财政性资金的安排、对金融产品和服务方式的创新、对有效信贷的投入、对信用体系的加强、对保险资金的鼓励和支持以及地方政府发行债券来支持养老服务设施的建设。在对用地供给政策进行改进的过程中，重点是要把养老机构的用地问题列入城市的用地计划，使民办非营利机构的用地政策与公立机构的用地政策一样，把营利性机构的用地问题作为

第一要务来解决。在对税费优惠政策进行完善的方面，具体包括了不同情况下的免征房产税、免征营业税、城镇土地使用税、免征企业所得税、减免行政事业费，养老机构用气、用电、用水、用热按居民生活类价格执行等。在改善补助扶持政策上，建议要构建有困难的高龄和残疾老人补助体系；通过各种途径，扶持社会力量发展为老年人提供照料；对于利用彩票公益金来支持发展老年服务产业的发展做出明确的规定等。在健全老年护理人员培训与就业制度的基础上，应加速老年护理人员的培训，并出台相应的激励措施；加大养老服务人才的职业训练力度，对合格的养老服务人才予以补助；增加对工人的劳动保障和安全保障，增加工人的收入和福利等。为了促进社会福利和社会福利机构对养老事业的支持，建议将社会福利机构的工作重心放在养老机构的建设、产品的开发和服务的供给上，对社会福利机构和志愿者机构进行积极的发展等。这一政策架构，在随后的各种政策文件中，都是作为制定有关政策的一个主要依据，这也为减少养老服务的供应成本打下了良好的基础。《国务院办公厅关于促进养老托育服务健康发展的意见》（国办发〔2020〕52号）于2020年12月印发，提出要在全国范围内开展工作，强化各部门间的沟通与交流，保证各项税收优惠政策全面、及时、有效地惠及市场主体。

2021年11月发布的《中共中央　国务院关于加强新时代老龄工作的意见》中明确指出，要完善老龄事业发展的财政投入政策和多渠道筹资机制，不断增加中央预算内投资，以满足未来养老事业发展对养老事业的资金需要，继续增加民政部本级及地方各级政府在社会福利方面使用的彩票公益金中所占比重。各级政府要加强对老龄工作的规划，增加对老年人的投资，各有关部门要充分利用现有的资金、资源为老年人提供更多的服务。对住房等方面的扶持政策进行研究，对阶梯气价、电价、水价等政策进行完善，并鼓励成年子女与年迈的父母在附近居住或一起生活，尽到赡养义务和照顾责任。对有较大经济压力的无工作人员，按照有关规定优先安排社会福利工作。落实有关的税收和税收优惠政策，鼓励社会公益机构和慈善机构增加对老龄事业的投资。这对指导地方政府制定更好的扶持政策、降低金融机构的服务成本具有重要意义。

## 五、加强市场监管，提升养老服务质量

目前我国老年人的社会保障体系中既有数量上的短缺，也有质量上的缺陷。随着我国养老服务行业进入门槛的不断降低，加强市场监管、提高服务品质成为当务之急。近几年，我国政府在这一领域也加大了投入，促进了市场环境的优化，服务质量得到了提高。

### （一）加强了服务监管和行业自律

《国务院办公厅关于全面放开养老服务市场提升养老服务质量的若干意见》（国办发〔2016〕91号）提出，各地区要建立健全民政部门与有关部门协作的监督管理机制，强化对养老机构管理与服务的监督。不得打着办养老院的旗号去搞房地产，不得将养老院的房屋、场地和设施用于开展与养老院的工作毫不相干的工作，不得改变养老院的工作性质。加强对养老服务机构违法犯罪行为的监控与分析，做好相关的法律法规的宣传与防范工作。在养老服务过程中出现的虐待老人、欺压老人等现象，以及对养老机构在收取保证金、办理会员卡和发行理财产品等活动中出现的违法违规现象，要对这些问题进行法律追究。为了保证老人的生命安全，要强化对养老设施和服务的安全管理，要建立定期的巡查机制。此外，还应加大对产业的诚信力度。要构建一个涵盖企业、从业人员和客户的行业诚信制度。要建立并完善信用信息的记录和收集机制，并加强与国家信用信息共享平台的信息交流与共享，通过企业信用信息公示系统向社会公示有关企业的行政许可、行政处罚等信息。引进第三方信用评级公司对养老产业进行诚信构建和诚信监督。构建多部门、跨地区的联合奖罚机制，把信用信息当作各项支持政策的一个重要的度量指标，让诚实守信者在政府购买服务、债券发行等方面获得优先办理、简化手续等绿色通道的支持和政策鼓励，建立养老服务业的“黑名单”制度，并制定相应的市场退出机制，强化行业的自律与监督。

### （二）出台了机构养老服务的国家标准

《养老机构服务质量基本规范》（GB/T 35796—2017）由国家质量监督检验检疫总局和国家化管理委员会共同发布，并于2017年正式施行。对养老机构服务的服务质量基本要求、基本服务项目、管理要求等方面进行了规定，它是养老

机构服务质量管理的第一个国家标准。这标志着我国养老院的服务水平进入了规范化和标准化的新时期。

### （三）开展了养老院服务质量建设专项行动

2017 年，民政部等 6 个部委联合发布了《关于开展养老院服务质量建设专项行动的通知》，正式启动了养老院服务质量建设专项行动。此专项行动的主要目标是以专项活动为契机来解决在构建养老院过程中存在的一些突出问题，从而提高养老院的整体服务水平。与这份文件一起发布的还有《养老院服务质量大检查指南》，其中提出了 115 个检查内容，是一份检验和打分的工具。中共十九届五中全会更是明确指出要健全基本养老服务体系，这必然会促使新一轮的养老服务质量监督体系的诞生。

### （四）建立健全养老服务综合监管制度

2020 年 12 月，国务院办公厅发布了《关于建立健全养老服务综合监管制度促进养老服务高质量发展的意见》（国办发〔2020〕48 号），就建立健全养老服务综合监管制度确定了三方面政策措施：一是明确监管重点。从加强质量安全监管、加强从业人员监管、加强涉及资金监管、加强运营秩序监管、加强突发事件应对五个方面明确了监管重点。二是落实监管责任。从强化政府主导责任、压实机构主体责任、发挥行业自律和社会监督作用等方面强调了各方监管责任。三是创新监管方式。从加强协同监管、加强信用监管、加强信息共享、发挥标准规范引领作用等方面强调了监管方式创新。在此基础上，对养老服务一体化监督管理的有关部门进行了职能划分。2021 年 11 月发布的《中共中央　国务院关于加强新时代老龄工作的意见》中指出，要进一步完善养老服务的规范与评估制度，强化对养老机构的建设与管理；要抓紧研究制定养老机构预付服务费的相关规定，严防借养老机构名义圈钱和欺诈等行为。

## 六、开展长期护理保险制度试点，探索护理责任分担新模式

长期护理保险是一种通过社会保障使社会各阶层共同承担老年照护责任的一种制度安排，已被日本、德国、韩国、中国台湾等一些已进入老年阶段的国家或区域广泛应用，是应对老年群体日益增长的一种体制选择。人社部门于 2016 年

发布了《人力资源社会保障部办公厅关于开展长期护理保险制度试点的指导意见》（人社厅发〔2016〕80号），确定了15个地级市为保险制度的试点，并就有关工作进行了具体安排。这份文件明确了实施长期护理保险的基本原则、目标与任务、基本政策、管理与服务等内容。对有关地区提出了以下几点要求：坚持以人为本、责任分担、基本保障、机制创新、因地制宜、统筹协调的基本原则，探讨构建长期护理社会保险制度，为长期失能者的基本生活照料和与基本生活有紧密联系的医疗护理，为其提供资金或服务保障。在此基础上，计划通过1～2年的试点，总结出中国特色的发展模式，形成适合我国国情的发展模式，并制定出相应的标准体系、服务规范和管理措施。试验开始后，有数十个城市主动加入了试验队伍。①

2021年11月发布的《中共中央 国务院关于加强新时代老龄工作的意见》中指出，要稳步推进长期护理保险制度的试点工作，并在此基础上，对目前的试点工作进行深入的探讨，包括：进一步完善覆盖范围和保障范围；不断完善多元筹资机制；完善保障政策；完善待遇支付标准和管理办法；创新管理和服务机制；积极探索构建符合我国实际的长期护理保险制度。

## 七、优化养老社会环境，消除智能技术利用障碍

社会环境是养老服务利用的重要影响因素，构建良好的社会环境是促进养老服务利用、提高老年人生活质量的重要保障。党的十九大报告中明确提出“积极应对人口老龄化，构建养老、孝老、敬老政策体系和社会环境”。2019年11月发布的《国家积极应对人口老龄化中长期规划》将“构建养老、孝老、敬老的社会环境”作为应对人口老龄化的五项具体任务之一。党的十八大以来，优化养老服务利用社会环境方面的主要举措有以下三个点。

### （一）加强老年权益保障法治建设

党的十八大以来，已经三次修订（或修正）《中华人民共和国老年人权益保障法》（以下简称《老年人权益保障法》），通过修法进一步明确了老年人的基本权利，并在全社会形成了广泛参与和讨论的氛围，有力推动了养老、孝老、敬老

① 郑秉文．从“长期照护服务体系”视角分析长期护理保险试点三周年成效[J]．中国人力资源社会保障，2019（9）：38-41．

的社会环境建设。《老年人权益保障法》于2012年12月28日进行了修改，在总则中明确了“建立和完善以居家为基础、社区为依托、机构为支撑”的社会养老服务体系。增设了“社会服务”一章，明确指出，地方各级人民政府及其相关部门、基层群众自治机构，应当大力发展城乡养老，建设各种满足老年人需求的服务机构和网点，为居家的老年人提供生活照料、应急救助和医疗护理等。此外，还增加了“宜居环境”一章，对城乡规划、无障碍建设、宜居社区建设等方面进行了具体的规定，力争为老年人提供舒适、安全、便利的生活环境。还有设立老年节，倡导全社会优待老年人，关心老年人精神需求等。这些规定都体现了在全社会营造养老、孝老、敬老的法治环境和社会氛围的价值导向。2015年和2018年又分别修正了《老年人权益保障法》，以及2020年通过的《中华人民共和国民法典》都进一步明确加强了对老年人权益的保障，推动了养老、孝老、敬老的社会环境建设。2021年11月发布的《中共中央 国务院关于加强新时代老龄工作的意见》提出要加强对老年人的关爱：加强对老年人的基本情况的认识；开展“中华孝”传统文化的继承与创新项目；继续开展“敬老月”和“敬老文明号”的创建工作，与“时代楷模”“道德模范”等相结合，大力弘扬和宣传孝顺、敬老的优秀事迹；把“为老志愿服务”纳入中小学的综合实践和大学生的社会实践中去。加大对老年人的优待力度，除了提供出行便利、公交乘车优惠和门票优惠外，还应支持有条件的地区扩大优待项目，创新优待方式，在醒目位置设立老人优待标识，推广老人凭借身份证和其他有效文件以享有各种优惠政策；有条件的地区，要大力实施外地老人在当地享有同样待遇的计划；充分利用电台、电视台、互联网等视听媒介，加强对老年人的宣传引导，形成关爱老年人的社会风气。

### （二）积极建设老年友好型社会

《关于推进老年宜居环境建设的指导意见》（全国老龄办发〔2016〕73号）由全国老龄办、国家发展改革委等25个部委共同制定，并在2016年11月发布，要求到2025年，要初步形成一个安全、方便、舒适的老年居住环境系统，“住、行、医、养”等环境更加优化，敬老养老助老社会风尚更加浓厚。文件提出今后一个时期老年宜居环境建设的重点任务是建设适老居住、出行、就医、养老等的物质环境和包容、支持老年人融入社会的文化环境，并提出了推进老年人住宅适老化改造、支持适老住宅建设等17项具体措施。2020年12月发布的《关于开展示范性全国老年友好型社区创建工作的通知》（国卫老龄发〔2020〕23号）中提出，到2025年，在全国建立5000个示范型城乡老年友好型社区，到2035年，在我国城乡实现老年友好型社区全覆盖。在这份文件中，明确了六项工作，分别是：提高老年人的生活环境，方便老年人的日常出行，提高为老年人服务的质量，扩大老年人的社会参与，丰富老年人的精神文化生活，提高为老服务的科技化程度。2021年11月发布的《中共中央　国务院关于加强新时代老龄工作的意见》中，对建设适合老年人居住的生态系统提出了更明确的要求：各地要将无障碍环境建设法规、标准和规范贯彻到底，把无障碍环境建设和适老化改造纳入城市更新、城镇老旧小区改造、农村危房改造、农村人居环境整治提升等方面，让老年人参加社会活动变得更为安全便利。鼓励有条件的地方对经济困难的失能、残疾的、高龄等老年人家庭进行无障碍改造和适老化改造，为他们配备生活辅助设备，安装应急救援设施，并开展定期走访。要根据当地的具体情况，制定适合我国国情的住房建设规范，并积极推进住房改造。

**（三）促进老年人更好地融入数字社会**

《国务院办公厅印发关于切实解决老年人运用智能技术困难实施方案的通知》（国办发〔2020〕45号）于2020年11月发布，旨在有效解决老年人运用智能技术的困难，促进绝大多数老年人更好地适应和融入智慧社会。当前老年人享有的智慧化、便捷性服务得到了显著提升，老年人在线上和线下的服务更为有效和协调。此外，该文件还对在突发事件应急响应状态下对老年人的服务保障、便利老年人日常交通出行、便利老年人日常就医、便利老年人日常消费、便利老年人文体活动、便利老年人办事服务、便利老年人使用智能化产品和服务应用等七大重点任务和20条具体措施进行了阐述，并对各部门的分工进行了明确。2021年11月发布的《中共中央　国务院关于加强新时代老龄工作的意见》提出，要在保持老年人习惯的基础上，大力推广新技术新模式，促进老年人使用的各种网络应用、移动终端和App等应用的适老化。开展“智慧助老”活动，加大对老年群体的数码能力培养力度，提高他们的数码素质。

# 第三章　传统养老服务的理论与实践

这一章节深入探讨了传统养老服务的相关理论和实际应用，首先，从传统意义层面简单介绍了家庭养老，然后对描述了传统养老制度下的社会环境和条件，最后从理论和实践两个方面讨论了传统养老的保障。

## 第一节　传统意义上的家庭养老简述

对于有家庭的老人来说，在我国的传统中家庭赡养是第一位的。为使家庭养老得到有效的贯彻落实，能够让老年人颐养天年，历代王朝都予以鼓励、倡导、推动。

### 一、传统观念中养老责任的承担者

奉养父母长辈是子女和家庭的责任，源于血缘关系。原始社会后期，有了剩余产品，这一观念就慢慢得以确立。甲骨文中“孝”字象形，意味着到奴隶社会奉养观念得到了加强。这一意识，随着统治阶级的宣扬和文字的传播，不断得到确立。《诗经·大雅·下武》有：“成王之孚，下土之式。永言孝思，孝思维则。媚兹一人，应侯顺德。永言孝思，昭哉嗣服。”强调上至统治阶级、士大夫阶层，下至普通群众，都要讲“孝”，而奉养是最大的孝。“孝子之至，莫大乎尊亲。”（《孟子·万章章句上》）。

为了使家庭养老落到实处，统治者和社会舆论从正反两方面反复论证其合理性。墨子讲，“孝，利亲也”（《墨子·经上》），孝有利于父母长辈，可以使亲人间更加团结，关系更加稳定。同时，要推己及人，尊敬、赡养同一宗族的老人、社会上每一个老人。所谓：“尊亲之至，莫大乎以天下养。”（《孟子·万章章句上》）所谓："老吾老，以及人之老，幼吾幼，以及人之幼。"（《孟子·梁惠王上》）其原因是多方面的，但有说服力的是老年人多智慧，有益于家国。先秦有大量的事例记载，说明老年人的作用。商王祖甲"能保惠于庶民，不敢侮鳏寡"（《尚书·无逸》），故其统治较为长久。周文王"则古公、公季之法，笃仁，敬老，慈少"（《史记·周本纪》），因而获得民众拥护。《史记·周本纪》记载："伯夷、叔齐在孤竹，闻西伯善养老，盍往归之。太颠、闳夭、散宜生、鬻子、辛甲大夫之徒皆往归之。"这一系列为周王灭掉商朝打下了坚实根基。在建立西周之后，周公不仅强调"敬天"，还要求明德、保民，高度重视"徽柔懿恭，怀保小民，惠鲜鳏寡"（《尚书·无逸》）。原因是官寡之人属于民众群体当中的弱势群体，所以有必要将赡养鳏寡之人作为一些重要工作，为他们提供一定恩惠及保障。而姜子牙 80 登台拜相，辅助武王建周，本身就说明老年人的作用。春秋战国时期，王室衰微，诸侯称雄，凡有作为的诸侯国国君都注意尊老养老，以此取威定霸。管仲相齐桓公，先"问独夫寡妇孤寡疾病者几何人也？"（《管子·问》）执政之后积极推行"九惠之教"，"一曰老老，二曰慈幼，三曰恤孤，四曰养疾，五曰合独，六曰问疾，七曰通穷，八曰振困，九曰接绝"（《管子·入国》）。在公元前 630 年，晋秦军队对郑国进行征讨，情况非常危急。烛之武夜劝秦军使得"秦伯说，与郑人盟。使杞子、逢孙、杨孙戍之，乃还"，等到秦国军队撤离之后，晋国军队"亦还之"（《春秋·左传·僖公三十年》），把郑国从危机当中挽救出来。年已 70 的魏国隐士侯嬴，为报信陵君的礼遇之恩，在秦军围困赵都邯郸时，帮助窃得虎符，击杀魏将晋鄙，进兵击秦军，存赵。反过来，那些不注意尊老养老的人，不得不品尝失败的苦果或舆论的谴责。如齐景公，"公聚朽蠹，而三老冻馁"，"民闻公命，如逃寇雠"（《晏婴叔向论晋季世》）。"不顾父母之养"属于不孝。《管子·匡君大匡》讲，"不敬老而营富"，"出入不应父兄，承事不敬，而违老致危"者，都是"有罪无赦"。《周礼·地官司徒》中乡大夫对于乡民的教诲中提出"六行：孝、友、睦、姻、任、恤"，可以发现孝在六行当中居于首位。

## 二、明确养老的责任主体

对于家庭养老这种方式来说，明确养老主体是关键，简单来说就是谁要承担起养老责任。

在中国古代，家庭养老责任主体是存在血缘关联的直系亲属。晚辈亲属，比方说子女承担着赡养长辈如父母的责任，而且要以此为义务。在这一过程当中，子女赡养父母是主要内容。儿子是主要人员和首要人员，旁及兄、妹、侄、孙、媳、义子等晚辈亲属对老人的赡养。因此，“养儿防老”是普遍共识。其中，大家庭和小家庭对养老有不同认识，如有学者认为，汉承秦制，基本上实行小家庭制度，“老人虽有子孙却无人照顾，自己过家庭生活”。[①] 但这种现象毕竟不能说是长时间的、普遍的。汉朝很快就确立了以孝治天下的国策，子女必须奉养双亲。

提倡、鼓励政府官员起到示范作用。身居要职的政府官员带头示范，履行赡养父母的义务，对于整个社会养老意义比较大。历代王朝都很强调这一事项，并予以鼓励和倡导。其办法大体有：一是把父母接到就任地，方便就近赡养亲老。二是请求移职。有的官员任命后，发现路途遥远，携父母就任不便，只好申请移职，如到家乡任职，以方便赡养。此类情况，统治者都会予以批准。如张九龄是唐代著名的政治家和文学家，他在历任多个重要职位期间都表现出了卓越的才能和高尚的品德。然而，在担任冀州刺史期间，他面临着一个难题：他的年迈母亲居住在家乡，而河北道路遥远，无法照顾。为了能够更好地照顾母亲，张九龄上书请求调换到江南一州，并表示愿意尽全力为江南一州服务。太宗允准了张九龄的请求，并认为他是一个有责任感和孝顺的儿子，于是批准了这个调动[②]。三是官员自愿申请闲职。有些官员担心工作会影响家庭生活，因此选择申请改任轻松、事务较少的闲职，以侍养年迈的父母。在唐朝睿宗时期，中书舍人崔沔因为母亲年迈病在东都，沔不忍心离开，于是他自愿申请闲职，以便更好地照顾母亲。睿宗应允了崔沔的请求，并将他的官职改为虞部郎中，满足了他的要求。这种情况表明，有些官员在工作和家庭之间做出了艰难的选择，他们愿意放弃一部分职务来照顾家人。这也反映了唐朝社会对于家庭责任和孝道的重视。四是辞官归养。此类做法，历史上比比皆是。如清代大兴人舒铁云，为年迈母亲辞官不就，说“吾岂以五品官而置七旬垂白之母于八千里外乎？”[③] 谢勒南归。

亲属赡养是一种家庭责任，尤其是在中国文化中更为重要。对于那些没有子女或者子女无力供养老人的家庭来说，亲属赡养就显得尤为重要。这时候，其他

① 岳庆平．汉代家庭与家庭[M]．郑州：大象出版社，1997．

② 刘昫．旧唐书卷九[M]．北京：中华书局，1975．

③ 徐珂．清稗类钞：第五册[M]．北京：中华书局，2010．

家庭成员如弟、妹等平辈亲属就需要承担起赡养老人的责任。历史上也有很多感人的故事表明了亲属赡养的重要性。比如，《新唐书·列女传》记载，李氏妻子王阿足因为姐姐高龄无人供养，选择留在家中赡养她的姐姐直到其去世。[①]宋朝时期，包拯是由他的兄嫂抚养长大的。他的兄嫂非常勤劳，对他十分关爱。除此之外，还有一种方式是由孙辈亲属赡养。比如《大唐新语·孝行》中记载，唐贞观年间，刑部尚书刘审礼在少年时期失去了母亲，但他得到了祖母元氏的照顾和抚养。随着时间的推移，元氏年事已高，身体也开始有些不适。然而，审礼却非常孝顺，经常亲自为其熬制汤药，并且对她的照顾非常恭谨。除此之外，在唐朝，还有一种方式可以帮助无子女的鳏寡老人。他们可以通过收养义子来让义子照顾自己晚年的生活。唐令有“无子者，听养同宗於昭穆相当者”《唐律疏议》。这说明，鳏寡孤独的老人会选择收养同宗甥侄为义子，主要是希望在自己年老体弱时，有人承担赡养责任。这种方式不仅可以解决老年人的生活问题，也可以延续家族血脉和传统文化。总的来看，在古代社会中，尊重长辈、孝敬亲人是一种重要的传统美德。这种家庭责任感和亲情关怀，不仅体现了个人的道德情操，也反映了古代社会的价值观念。同时，唐朝时对于鳏寡老人收养义子的规定，也体现了国家对于弱势群体的关注和保护。这种方式不仅可以解决老年人生活上的问题，还能够让他们在晚年得到更多的关爱和陪伴。

中国传统社会的家庭养老以子女为主，尤其是儿子。当家庭破败时，其他家庭成员会承担赡养责任。在复合式大家庭中，晚辈亲属都有赡养长辈的义务，相互交织、互相补充，形成了子女、媳妇、侄子、孙子等一起承担养老责任的情况。这种家庭赡养模式是中国传统社会的一个显著特点。在这种家庭赡养模式中，父母对于儿女的期望往往是希望他们能够成为有责任感、孝顺的子女，将来能够承担起赡养父母的重任。同时，在大家庭中，长辈也会教育晚辈要尊重和关心老人，传承家族文化和价值观念。这种家庭赡养模式也反映了中国传统文化中强调家庭观念和亲情的价值。在这种模式下，家人之间的关系更加紧密，相互扶持、相互照顾，形成了一个温馨、和谐的家庭氛围。

① 欧阳修．新唐书卷205—列女传[M]．北京：中华书局，1975．

## 三、传统养老服务的内容

在家庭养老方面，最重要的是确保老人有生活保障和照料。在古代，除了少数皇亲国戚和退休官吏享有俸禄外，大多数老人都需要依靠家庭成员给予情感支持。而农业生产是主要的收入来源。普通百姓把养老看作是一项重要的任务，他们会尽全力去搞好粮食生产，以供养老人。南朝宗懔在《荆楚岁时记》中提到，每天清晨鸡鸣之后，子女应该立即起床为父母准备洗漱用品、衣服和坐榻，并且要为他们收拾床铺和枕头，然后伺候用膳。晚上，子女还要为父母铺好床并安置好枕头。对于生活不能自理的老人来说，子女更应该时刻陪伴在身边，擦拭口水、鼻涕，并经常为他们洗澡、洗发、换衣服，以确保他们在冬天温暖、夏天清凉。这些规范已经成为一种风俗习惯，并被社会各阶层人士广泛接受和遵守，对人们的行为产生了直接的约束力。除了这些日常照顾之外，在唐代还有“侍疾”这样的规定，强调子女不仅要多加关注父母的饮食和起居，还要亲自为他们熬药端汤，调理身体。在父母吃药之前，子女甚至需要先尝试一下，以防万一。例如，《旧唐书·房玄龄传》记载，唐初名相房玄龄的父亲病了十天，他全心全意地为父亲熬药、调理身体，连衣服都没有脱下来过。

除了物质供给和照护，精神慰藉也是非常重要的。在古代，自孔子以来，人们一直将父母等长辈的精神幸福视为是否尽孝的重要标志。因此，在对待长辈时，不仅需要提供物质上的支持和照顾，还需要关注他们的内心感受，给予精神上的慰藉和关爱。这种精神上的支持可以表现为陪伴、倾听、理解和鼓励等方式，让长辈感受到家庭的温暖和关怀。只有在物质和精神上都得到满足的情况下，才能真正实现孝顺。孔子讲“色难”，面上要柔顺，脸色和蔼，就是承色顺志，恭敬柔色，这样才能尊敬长辈，使他们精神愉快，心情舒畅，安享晚年。

# 第二节　传统养老保障制度下的社会基础

中国传统养老保障制度的产生和发展有着深刻的历史根源和社会根源。其社会基础主要体现在以下几个方面。

## 一、农业社会形态——自给自足

在农业社会，家庭是一个多功能的单位。它不仅是人们生活的基本单元，同时也承担着生产和劳动的重要职责。一个人一生中所付出的大部分劳动成果都将汇聚到家庭中，这使得家庭成为了他们晚年生活的主要保障来源。生产技术的落后、交通的限制、信息交流的困难，使得经验成为宝贵财富。老年人作为经验的拥有者，自然而然成为一种权威的象征。所谓“不听老人言，吃亏在眼前”，即是权威文化、长者文化。美国文化人类学家玛格丽特·米德把它称之为“前喻文化”。这是老年人得到尊重，必须赡养的客观社会基础。更重要的是，从经济的角度分析，家庭养老作为私力救济，具备降低成本的多个条件：子女较多、社会流动性较弱、同居一室、强大的外部约束。也就是说，成本较低是家庭养老经久不衰的主要原因。无须脱离生产，而专人专职照护老年人，这种既不影响生产，又不影响养老的模式，符合帕累托最优原则。对于子女来说，如果脱离了家庭，由于没有生活资料，将无法在社会上立足。

有学者指出，农民经济是一种没有货币交换的经济形式。因此，在家中赡养老人是可行的，但如果提供实物超过一定距离时则会变得不可能。这是因为在前工业时代和农业地区，现金支付和购买食物都不存在。换句话说，农民经济的特点是自给自足和以家庭为单位的生产和消费。这种经济形式下，人们依靠土地、劳动力和家畜等资源来维持生计。因此，他们通常只能在本地区内进行交易，并且很少使用货币作为交换媒介。在这种经济形式下，人们更多地依赖于物物交换和互助合作的方式来满足生活所需。同时，由于缺乏现金流通，农民往往难以获得外部资源和技术支持，导致其生产力水平相对较低。

农民经济的局限性在于其无法实现远距离交易和货币流通。这也意味着，在农村地区，人们更多地依赖于自给自足和以家庭为单位的生产和消费。

## 二、社会结构——相对封闭

在农业社会中，封闭的社会结构和严格的社会控制环境限制了人们的选择和思想观念。在农业社会中，不同地区之间的交流和人们的社会流动都非常有限。许多人一生都没有离开自己所在的村落。这种封闭性的社会结构被费孝通先生称为“差序格局”。人人都处于家庭、宗族和宗祠构成的社会控制环境当中，缺乏选择权。任何违反社会规范的行为都会受社会制裁。一旦忤逆不孝，社会的控制力量就会出面，加以调解、规劝，直至他们能够回心转意、痛改前非为止。对父母不孝，在村里及邻近的村里会没有地位，也根本无法待下去。《孝经》中讲“五刑之属三千，而罪莫大于不孝”，不孝被视为大罪之一。

## 三、孝敬文化——伦理制约

传统社会的家庭养老源于自觉自愿的血亲。对子女来说，父母创造了生命，哺育其成长，孝敬父母意味着对自己本源的关切，被人们作为“众善之始”。正如亚里士多德所说的，家庭是由超阶级的“善德”所维系的，但之所以长期存在并发挥作用，还由于诸多其他因素的契合。生产力水平的低下，决定人们以家族为聚居方式；农业社会的封闭性，使得社会成员流动极少，成员之间的约束以伦理道德为主。是否、能否侍奉父母是衡量社会成员道德水准的重要尺度，个人亦以“父母在，不远游”进行自觉要求。这一养老方式在传统文化的长期影响和实践中一再被强化，父母和子女之间形成了一种“抚养←→反哺”回路正相关关系，具有极强的家庭（放大一点也就是家族）内部性，伦理色彩浓厚，这在东西方社会并无不同。

## 四、统治阶级的影响

为了保障家庭养老的顺利实施，统治者通常运用法律和教化相结合的方法，坚持刑德相辅，恩威并用。在道德和法律约束下，人们被要求遵守“三纲五常”等礼法规范。这些规范的形成与“孝悌”观念密不可分。最初，“孝悌”是氏族社会为维护内部结构秩序稳定而形成的习俗，通过祭祀先祖等使每个成员都明确自己在社会中的身份和相应的政治地位，做到不越位。随着儒家思想的推动和论证，“孝悌”观念逐渐被提升到了道德层面，并形成了“三纲五常”等理论，用以约束人们的行为规范。这些规范在家庭养老制度中起着重要的作用，使人们在养老过程中遵循道德和法律规范，尊重长辈、关爱弱势群体，同时也保障了家庭养老的顺利实施。以孝推及社会，只要人们在社会生活的各个方面都自觉恪守“三纲五常”等行为规范，整个社会秩序就不会混乱。统治阶级经常对孝义行为进行表彰，通过赐名如“孝义里”、表门闾，立“孝义牌坊”等办法宣扬孝义行为。唐太宗时，萧德言教授晋王李治《孝经》。太宗问：“此书中何言为要？”萧德言答：“夫孝，始于事亲，中于事君，终于立身。君子之事上，进思尽忠，退思补过，将顺其美，匡救其恶。”太宗大喜。①孝之作用，不但稳固家庭，还能巩固统治，自然要大为宣扬。伦理规范的约束是软性的，统治阶级还用法律手段进行约束，通过授权尊长管理家庭财产来保障父母长辈的权力和子女赡养的义务的实现。这样一来，子孙后代就不得侵犯家族财产，并且必须遵从尊长的指示。如果有卑幼不听从尊长的命令，私自使用家庭财物，就会受到惩罚。按照传统规定，“凡是同居，必有尊长”，这意味着在家族中必须有一个最高权威的领袖来管理家庭事务。只要尊长存在，子孙后代就不能擅自行动或者做出不利于家族的决定。如果有人违反了这个规定，就会受到严厉的惩罚。保障长辈对家庭财产的支配和使用权是非常重要的。在唐、宋、明等时期，刑律规定了父母健在时子女不能独立分家或私自占有财产。这种规定有效地确保了子女与父母生活在一起，尽到赡养老人的责任。这样做不仅能够维护家庭和睦，也有助于传承家族文化和价值观念。同时，长辈对财产的支配权也需要得到尊重和保障，他们在经济方面的决策应该得到子女的理解和支持。只有在家庭成员之间建立起相互尊重和信任的关系，才能够实现家庭和谐、幸福。正是家庭养老的上述特点符合统治阶级的需要，统治者才极力通过政治、经济、法律、社会舆论等各种手段强化家庭，推动并巩固家庭养老。

## 第三节　传统养老保障理论和实践论述

我国传统养老保障制度建立在经济社会形态之上，决定于经济基础。从上述叙述可以得出以下结论。

### 一、传统养老是政治和道德问题的结合

初看起来，我国传统养老表现为“孝”，是一个道德问题。但仔细分析，统

① 刘昫．旧唐书：高宗本纪上[M]．北京：中华书局，1975.

治阶级倡导孝道，要求家庭子女负起养老责任，其中有很深的政治考虑。家国同构，由孝而忠，就是要把国当作家，孝子便是忠臣，人人是孝子，人人忠于皇帝。其宣扬的就是“以孝治天下”，皇帝做出孝的样子，臣民照做，统治才能稳定。“教以慈睦，而民贵有亲；教以敬长，而民贵用命。教以事亲，顺以听命，错诸天下，无所不行。”（《礼记·祭义》）这一做法，关键在开始，树立好的开头。这就是为什么汉朝关于孝的故事特别多，自汉以后，形成路径依赖，后来就照做了。“父子、君臣、长幼之道得，则国治。”（《礼记·文王世子》）要实现的终极目标是服务统治阶级。这也是历代统治者积极推行“以孝治天下”的根源。当然，由家庭养老，还出于物质方面的考虑。如果每个王朝都由政府负责养老，政府不可能有那么多的资金分散到各个家庭，由家庭养老政府的压力和负担较轻。因此，传统的养老问题既是道德问题，也是政治问题，是道德和政治的结合，但归根结底是政治问题。

## 二、家庭养老是主流的养老方式

无论历代王朝如何重视养老，但我们必须清醒地看到，政府的养老都是非主流的方式，主流的方式是家庭养老。一是政府的保障所惠及的对象是少数人。二是政府的保障内容不全面、不系统。绝大多数朝代保障优待的内容实际上都仅局限于基本生活。每个王朝都以某个统治者推行的政策规定保障内容，缺乏承继性。三是政府物资保障数量有限。在林林总总的记述中，大部分王朝赐予老人的物质是有限的，与其所需有较大差距。如果不靠其家庭、家族供给，是无法保证正常生活的。

## 三、传统养老保障具有综合性

传统的养老保障在内容上是全方位的，即所谓：“劝弟子：精膳食，问所欲，求所嗜。”（《管子·入国》）曾子说：“孝子之养老也，乐其心不违其志，乐其耳目，安其寝处，以其饮食忠养之孝子之身终。”（《礼记·内则》）但总体上较为注重基本生活的保障，而缺乏照护。唐代的“给侍”制度可以说较为清楚地分离出了养老服务的内容，具有划时代的意义。至于医疗护理，基本上属“奢侈品”。《管子》里有周代实施“养疾之政”的记述。自春秋战国时期，就有问病一事，这项工作由“掌病”一职负责。公职人员生病，“掌病”以国君的名义进行慰问。70 岁以上者，三天一问；80 岁以上者，两天一问；90 岁以上者，则要每天问病一次。患病特别严重者，“掌病”要向国君汇报，国君亲自看望。这样的保障内容后世基本无存。

## 四、家庭养老由行政力量主导推动

家庭是一个初级社会组织，由它完成养老，除了道德力量维系外，还决定于行政力量的介入以及介入的程度。我国传统社会架构主要是政府和家庭两极，没有社区。在战乱年代，大部分老年人只有靠家庭维系基本生活。如果家庭成员本身已无力量，则老年人的境遇就会非常悲惨。社区在传统社会基本就是家族的扩展，好处是家族所有成员都有义务赡养老人，不足之处是家族一荣俱荣，一损俱损。从这个意义上讲，传统家庭养老的本质在于将个人之间的相互依赖关系限制在家庭内部，使整个家庭成为社会行为的执行者。这种方式将整个社会的养老问题分散到每个家庭中，变成了子女是否尽孝的个人问题。因此，传统家庭养老的真正社会意义在于将整个社会的养老问题分解成每个家庭的责任，从而实现了社会资源的最大化利用。但统治者为了巩固统治，必须要用各种办法促使家庭履行职责。因此，家庭养老说到底还是政府行为在起作用。

# 第四章　社会养老服务体系的实践应用

这一章节深入探讨了社会养老服务体系在实际中的运用，分别描述了养老的模式变化和养老的社会化，国内社会养老服务开展的情况和对国外养老服务经验的借鉴，并介绍了养老的主要方式。

## 第一节　养老模式转变与养老社会化

人类社会发展表现出明显的阶段性，随着社会发展的现代化转型，养老责任和义务逐渐从家庭范畴扩展到社会范畴，存在明显的养老社会化趋势。在此过程中，将发生养老模式从以家庭为主向以社会为主的转变，即从家庭养老向社会养老的转变。这一转变是社会发展的必然趋势，是一个国家和地区走向现代化的必然选择，为建立社会养老服务体系指出了明确的方向，提出了明确的要求。

### 一、养老模式转变

养老模式实际上就是养老的组织形式，表示如何为老年人提供养老支持的问题。关于养老模式的基本类型，有两种比较典型的观点来区分养老模式，一种是将其划分为家庭养老和社会养老。姚远认为，“在实践中，家庭养老模式是相对于社会养老模式来说的”。这意味着，在许多情况下，人们更倾向于在家庭中照顾年迈的亲人，而不是将他们送到社会养老机构。这种观点强调了家庭在养老方面的重要性和作用；[①] 另一种养老模式将老年人从家庭中独立出来，除了在家庭和社会中接受养老服务外，还强调自我养老。例如，穆光宗认为，人类社会只有三种基本的养老模式：自我养老、家庭养老和社会养老。在自我养老模式中，老年

① 姚远．中国家庭养老研究[M]．北京：中国人口出版社，2001．

人需要依靠自身力量来维持生活质量，包括经济、生活照料和情感慰藉等方面。这种养老方式强调个体的自我管理和自我保障，老年人需要通过积累财富、提高健康水平、建立社交网络等方式来实现自我养老。相比之下，家庭养老模式则强调家庭成员对老年人的支持和照顾，而社会养老模式则侧重于政府和社会机构对老年人的关爱和保障。[①] 实际上，这两种划分只是针对养老支持的主体进行不同的分类，而并非在原则性上存在分歧。

其实，我们个人作为家庭成员，可以把自己的养老看作一种特殊的家庭养老方式。这样，我们就能够统一两种典型观点：家庭和社会养老模式。通常来说，养老包括三方面内容，即经济供养、生活照料和精神慰藉。根据其来源，可把养老模式分为以家庭支持（包括自我支持）为主的家庭养老和以社会支持为主的社会养老。如果几项完全由家庭成员（包括自己）提供就属于完全家庭养老；如果都是政府或其他社会组织提供就属于完全社会养老。但在现实生活中，很难出现这种极端状态。通常情况下，两种支持力量是互相结合的，并且同时存在。只不过，它们的主次不同。当家庭支持力量居主导地位时，就以家庭养老为主；反之以社会养老为主。从人类社会历史角度进行分析，表现出家庭养老向社会养老过渡趋势，即养老模式转变。在现实生活中，我们通常会看到两种支持力量相互结合，二者同时存在，并且主次不同。因此，在讨论养老问题时，我们应该考虑家庭和社会两方面的支持力量，并根据实际情况选择适合自己的养老模式。

### （一）中国养老模式的转变

中国传统社会的养老模式以家庭为主，老年人与家庭成员同住、同吃、共享福祉，有难同当。因此，家庭成了老年人最重要的养老场所。然而，在社会转型期特别是改革开放以后，家庭养老面临着巨大的挑战。随着中国平均家庭规模不断缩小，家庭养老的压力也越来越大。随着老年人口比重的上升，家庭中能够承担养老责任的人越来越少。这种情况对于城市双职工家庭来说尤为严峻，他们不得不更多地依赖社会服务来照顾年迈的亲人。然而，这无疑会加重家庭的经济负担。更为令人担忧的是，由于计划生育政策的实施，中国独生子女数量正在逐渐增多。当这些独生子女的父母进入老年后，家庭养老将面临更大的挑战和压力。

---

① 穆光宗．家庭养老制度的传统与变革：基于东亚和东南亚地区的一项比较研究[M]．北京：华龄出版社，2002.

随着人口老龄化的加剧，家庭养老已经成了一个巨大压力。因此，社会必须承担更多的责任来妥善处理养老问题，减轻家庭的负担，并减少由此引发的摩擦和矛盾。尽管目前社会还不能完全接管家庭的养老责任，但是我们已经具备了构建养老保障体系，强化养老社会化水平的相关条件。特别是改革开放40余年来的建设，我国的综合国力得到了显著的增强，为建立公平可持续的养老保障体系提供了极为有利的条件。当前关键是要看清养老从家庭走向社会的必然趋势，因势利导，抓住机遇，及时完善相关政策。近年来，中国养老保障体系完备程度越来越高，城镇职工基本养老保险正在扩大覆盖面，这意味着越来越多的城市职工将被纳入社会保障体系。同时，城乡居民基本养老保险制度也进行并轨，实现了基本养老保险制度全覆盖。除此之外，社会救助、最低生活保障制度等朝着更完善的方向发展，社会养老服务体系建设水平越来越高。这些措施将明显促进养老社会化，为广大老年人提供更好的保障和服务。

中国一直以来都有着崇尚老人的传统文化，家庭养老也是其中重要的一环。这种文化模式是由老年人的“老则贵”观念、子女们的“唯父是从”观念和社会上的“以老为尊”观念构成的。然而，随着时代的变迁和社会的发展，以及社会变革和家庭结构的改变，传统以家庭为主的养老模式面临着许多挑战。因此，我们需要加强社会保障体系建设，提高养老服务水平，并逐步实现以社会为主的养老模式。这种新模式将更加注重社会化、专业化和个性化的服务，以满足老年人多样化的需求。这种新模式是社会发展的必然结果，也是中国未来不可避免的选择。

### （二）影响养老模式转变的因素

养老模式转变是社会发展的直接结果。在社会发展过程中，与养老功能承担相关的各种因素的变化决定了养老模式变化的社会化方向。概括来讲，老年人的养老方式正在发生转变，这主要受到社会和家庭的养老能力、人际关系以及养老观念等方面的影响。如果社会和家庭的养老能力相对强弱发生变化，那么老年人更可能依靠哪一方来进行养老也会发生变化。此外，老年人与家庭成员之间的关系越亲密，与社会上他人、组织或政府的关系越疏远，就越可能选择家庭养老；反之，则更可能选择社会养老。而不同的养老观念也会影响老年人在行为上所做出的选择。

社会的养老能力其实就是看经济发展水平高低。如果一个国家的经济实力越强，那么它的养老能力也会更好。当然，制度也很重要。因为同样的资源可以用不同的方式来组合，所以制度对于社会组织能力也有很大的影响。在经济发展水平相同的情况下，不同的制度安排会导致社会养老能力产生差异。所以说，要想让一个国家的养老能力更强，除了要有好的经济发展水平外，还需要建立合理有效的制度安排。

家庭的养老能力受到多方面因素的影响，其中最主要的是家庭的收支状况和规模。收支状况直接关系到家庭用于养老的经济或物质资源，而规模则反映了每个成年人需要承担多大的养老责任。如果仅从经济角度来看，收支状况会直接影响家庭的绝对养老能力，即家庭可以承担多少老年人的养老费用。而规模则反映了家庭的相对养老能力，即每个成年人需要分摊多大的养老责任。收支状况和规模都与社会经济发展水平密切相关。随着社会经济的不断提高，家庭收入和支出也相应增加。同时，家庭规模在一定程度上受到制度、文化传统等因素的影响。例如，生育政策、住房政策以及户籍制度等都会对家庭规模产生影响。此外，文化观念也是一个重要因素，不同的文化传统和价值观念会导致人们对于大家庭或小家庭的偏好不同。总之，养老能力是一个复杂的问题，需要考虑多方面因素。除了家庭的收支状况和规模，还需要考虑老年人的健康状况、社会保障制度等因素。例如，如果老年人身体健康，那么家庭的养老负担就会减轻；而如果社会保障制度完善，也可以为家庭提供一定的养老保障，减轻家庭的经济压力。此外，还需要考虑家庭成员之间的相互关系和支持。如果家庭成员之间相互关心、支持和帮助，那么老年人在生活中就会得到更多的照顾和关爱，也能更好地适应养老生活。因此，家庭成员之间的相互关系和支持也是影响家庭养老能力的重要因素。需要注意的是，不同家庭在养老能力上存在差异，不能简单地用收支状况和规模来衡量。有些家庭可能虽然收支状况不是很好，但家庭成员之间的相互关系和支持比较紧密，老年人在生活中得到了更多的关爱和照顾；而有些家庭虽然收入较高，但家庭成员之间缺乏相互关心和支持，老年人在生活中可能会感到孤独和无助。因此，在评估家庭养老能力时，需要综合考虑多方面因素，而不是仅仅看收支状况和规模。

在养老中，人际关系的好坏很大程度上取决于社会信任结构。信任是一种态度，就是相信别人的行为或周围环境符合自己的期望。而信任结构则指人与人之间建立起来的信任关系状态。如果老年人和家庭成员之间的信任感强，那么他们之间的人际关系就会比较融洽；如果老年人和社会上其他人、组织或政府之间的信任感强，那么他们之间的关系也会比较好。而影响信任结构变化的原因主要在于经济发展水平、制度和文化传统。随着经济发展水平的提高，人们之间的信任范围也会不断扩大；而制度则为信任提供了保障和依据。此外，文化传统也是信任结构的重要基石，因为所有的信任结构都建立在某种文化背景之上。

养老观念是社会发展的一个重要组成部分，但同时也会随着经济发展而不断变化。因此，不同文化和社会背景下的养老观念也存在不同。

综上所述，经济发展水平、制度和文化传统是影响养老模式转变的根本原因。要想了解养老模式影响因素的变化，就必须以下这几个方面去寻找（见图4-1-1）。

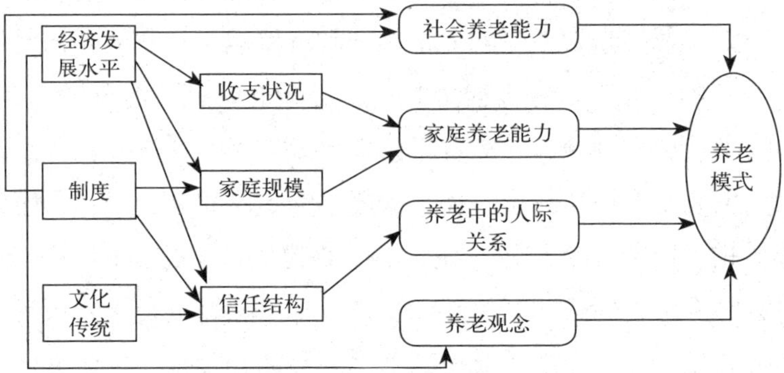


**图 4-1-1　养老模式转变的影响因素**

### （三）养老模式转变的基本趋势

1. 传统社会——以家庭养老为主

传统社会通常指的是工业化之前的社会。在这个时期，最明显的特征是自然经济或半自然经济。这种经济条件下，社会生产力水平较低，政府财富也相对较少。此外，政府以外的社会组织发展不充分，社会整合程度低，组织能力较弱。因此，传统社会无法建立一个制度化的养老保障体系，导致社会养老能力不高。

从家庭角度看，在传统社会中，家庭规模通常较大，人口预期寿命也比较短，老年人口相对较少。因此，在家庭内部，老年抚养比例是较低的。另外，在传统社会中，家庭是基本生产、消费单位，基本能实现自给自足。由于预期寿命较短，老年人多为低龄老年人，他们不仅是生产者，还是消费者，并且他们的经验对于生产意义重大。所以，在这种情况下，养老并不会给家庭带来太大经济压力。此外，由于家庭规模比较大，生活照料和精神慰藉方面也较为容易。因此，在传统社会中，家庭养老能力是比较强的。

从人际关系的角度来看，传统社会的信任结构是建立在血缘关系基础上的。因此，人们对于有血缘关系的亲属往往更加信任，而对于没有血缘关系的人则信任程度较低。这种信任结构导致养老只能在基于血缘关系的家庭或家族内部进行，养老关系只能局限于这个范围内。然而，随着社会的发展和变化，人们对于养老问题的需求也在不断增加。

从观念上来看，由于传统社会中知识更新慢，文化传承和知识传播往往是从上一代传递到下一代，老年人承担着传递文化和经验的重任，一般具有较高的家庭地位。因此，大多数文化中都存在“尊老”观念，并由“尊老”而“养老”，而“尊老”首先是从家庭内部开始，从尊敬自己家庭（家族）的老人开始。

因此，在传统社会中，家庭成了老年人最好的照顾之所。以家庭为基础的养老模式也逐渐成为社会发展的必然趋势。但是随着生产力的不断提高，家庭养老能力、社会养老能力、人际关系和养老观念也在慢慢发生变化，养老社会化程度也逐渐提升。这意味着，老年人不再完全依赖家庭照顾，而是可以通过社会机构和服务来获得更好的照顾和支持。同时，人们对于养老的认知和态度也在逐渐改变，越来越多的人开始意识到养老是一个社会问题，需要全社会共同关注和解决。这种转变不仅有助于提高老年人的生活质量，还可以促进社会的发展和进步。

2. 现代社会——以社会养老为主

现代社会是指在工业化完成后的社会。随着时间的推移，社会逐渐成为一个有机系统，其组织能力得到了极大的提升。生产力水平也迅速提高，导致社会财富空前增长。同时，在这个时代，我们有能力建立一套覆盖面广、保障水平高的社保体系，为老年人提供保障。此外，社会服务业也迅猛发展，特别是在养老服务方面，社会养老服务体系的建立使得老年人可以更加便捷地获得服务。这些变化表明，社会养老能力明显提高。

从家庭养老能力来看，则存在相对降低的趋势。主要是因为现代社会家庭规模显著缩小，首先会导致家庭内部养老资源特别是照料资源急剧下降；其次，预期寿命延长使得老年人特别是高龄老年人相对增多，而少子化倾向则导致下一代人数下降，家庭内部老年抚养比显著提高，老年人对应的平均养老资源将明显下降；最后，随着社会分工细化，家庭自身对社会产品和服务的依赖增强，家庭独立养老能力也出现了弱化。

从人际关系的角度来看，随着社会分工的不断发展和现代法律制度的逐渐完善，信任结构也发生了变化。如今，信任主要建立在业缘关系之上，并且基于对社会规范的认同。这种信任关系得到了法律保障，因此更加坚实可靠。然而，在家庭内部，由于社会成员之间的关系变得复杂，传统基于血缘亲情的信任关系受到了外界冲击，变得非常脆弱。这种信任关系的变化为养老事业走出家庭、走向社会提供了基础。现在，养老关系不仅存在于家庭中，而且在整个社会范围内广泛展开。这意味着，在养老服务的过程中，人们可以更加依靠和信任专业机构和服务提供者，而不仅仅是依赖于家庭成员。这种转变为养老服务的发展提供了更加广阔的空间和机遇。

从观念上看，随着知识更新日益加快，各种现代化观念对养老观念产生了深刻影响。例如：平等观念要求把老年人作为社会平等的一员，必须平等参与社会生活、共享社会发展成果；人道观念要求基于人道主义原则保障老年人的基本生活和尊严等。这就要求建立相应的社会化制度安排，确保老年人的平等权利和对老年人的人文关怀，也必然导致养老模式向以社会养老为主转变。

总体而言，在现代社会中，家庭养老的空间相对狭小，而社会养老的空间则相对较大，这种状况必然使社会养老逐渐占据主导地位，形成以社会养老为主的养老模式。

3. 社会转型期——养老从家庭走向社会

社会转型期是指从传统社会向现代社会过渡的时期。社会转型期具备几个特点，有利于推动养老从家庭走向社会。一是社会财富快速积累，为建立社会保障体系提供了良好的物质条件。这个时期也就是工业化时期，通常是经济迅速发展的时期，社会财富以较快的速度增长，整个社会具备了建立社会保障体系，为老年人提供制度保障的物质基础。二是社会文化不断交融和碰撞，使养老观念得以更新。在社会转型期，传统文化受到现代文明的极大冲击，支撑家庭养老的“尊老”文化逐渐为现代的平等、人道主义等观念所代替，有利于实现养老责任从家庭向社会的转移，逐渐形成家庭与社会共担的局面。三是制度建设和制度变革较为频繁，为建立和改进相关制度安排创造了有利条件。社会转型期由于社会变化迅速，各方利益冲突加剧，社会政策调整也十分频繁，可以及时根据养老情况变化建立相应制度或进行制度改革，推进养老社会化。四是信任结构发生巨大转变，为养老模式转变提供了必要基础。社会转型期社会成员的信任关系逐渐从血缘拓展到业缘，社会成员之间基于规则和制度的关系逐渐建立，使养老关系也逐渐向社会拓展。从人类社会的演变历程来看，我们可以发现这是一个现代社会保障制度逐渐成熟的时期。同时，也是养老服务业快速发展的时期，为老年人提供更好的生活条件和福利待遇。在这个时期里，养老服务行业得到了快速发展和壮大，社会化水平也显著提高。这意味着老年人可以享受到更多的社会关爱和支持，他们的生活质量得到了极大的提升。此外，随着科技的不断进步和创新，养老服务行业也在不断地更新和完善，为老年人提供更加个性化、多样化的服务。可以说，这个时期是养老服务行业发展历程中至关重要的一个阶段，也为我们今天的社会保障制度和养老服务体系奠定了坚实的基础。

## 二、养老社会化

养老模式转变实际上就是一个养老社会化的过程。在此过程中，养老功能逐渐从家庭扩展到社会范围，养老所需的经济支持、生活照料和精神慰藉等各项支持对社会依赖程度不断提高。根据养老的三项主要内容，养老社会化可以理解为经济供养社会化、生活照料社会化和精神慰藉社会化。经济供养主要表现为物质财富的供给，而生活照料和精神慰藉则表现为服务的提供。具体来说，养老模式转变所表现的养老社会化过程，重点要实现以下四个方面的转变。

### （一）养老社会化——养老责任

一方面，由于家庭养老能力的衰退，迫切需要逐渐由社会来弥补家庭养老能力的不足，逐渐承担起养老的责任；另一方面，也因为生产和生活的社会化，使人们成为社会人，作为社会成员，在年轻时有参与社会生产积累社会财富的义务，到老年后也有从社会索取社会养老资源的权利，社会对养老负有不可推卸的责任。养老责任社会化反映了家庭养老能力和社会养老能力此消彼长的发展趋势，代表着社会养老支持将发挥越来越重要的作用。养老责任社会化并不是要完全把养老义务扔给社会，而是随着社会的进步，更多地从社会层面对养老进行制度化安排，使之成为社会保障制度中重要的一环。虽然家庭仍然是养老的重要支持力量，但与传统社会比较，家庭在养老中的作用已经减弱。因此，制定社会政策的人必须认识到养老责任社会化是家庭变迁和社会发展的必然，并且要根据实际困难和社会能力不断优化社会养老支持体系，顺应时代潮流。

### （二）养老社会化——经济支持

经济支持是养老生活质量的重要保障。在传统社会，养老经济支持主要来自家庭内部。随着家庭养老能力的削弱，经济支持社会化显得尤为重要。养老经济支持社会化代表着来自社会保障制度的经济收入在养老经济支持中的作用越来越大。经济支持社会化是现代社会的一个重要特征，社会保障制度正是随着现代社会发展而产生和发展的。养老经济支持社会化是通过建立收入保障制度来实现的。要让经济支持社会化变得更好，就必须建立一个以养老金制度为核心的多层次收入保障制度。这样老年人的收入就能够获得基本的、稳定的保障。但是，我们也要知道，经济支持社会化是一个不断发展的过程，所以收入保障制度也要跟着经济发展水平一起不断改进和完善。虽然家庭成员之间的转移支付仍然是养老经济支持的重要来源，但我们应该把收入保障制度放在优先考虑的位置，让它成为老年人最常规的收入来源。这样，家庭内部转移支付就只是为老年人增加一道安全阀，而不是全部。具体说来，老年人应该人人享有基本收入保障，而考虑到家庭类型的多样性和家庭经济状况的差异性，每个老年人未必可以得到家庭内部的转移支付。

### （三）养老社会化——养老服务

社会的转型对家庭养老能力产生了很大的影响，尤其是在照料资源方面。因此，我们必须采取养老服务社会化的方式来应对这一问题。所谓养老服务社会化，包含两个层面：一是保障老年人享有基本养老服务的社会化；二是建立社会养老服务体系，确保老年人在需要养老服务时能够得到相应的供给。在实现养老服务社会化的条件下，家庭不再是唯一承担养老服务保障和供给责任的主体，而只是其中之一。建立养老社会服务体系是养老服务社会化的重要保障。社会养老服务体系主要是解决养老中生活照料和精神慰藉的社会化问题，其重点是提高养老社会化服务的可获得性，主要是保证服务的充足性、适用性和便利性。此外，医疗保险制度和长期护理保险制度通过分担医疗和护理负担，降低服务利用门槛，本质上也是一种养老服务社会化的机制。

### （四）养老社会化——社会环境适老化

社会转型导致老年人对社会环境有很强的依赖性，这就要求社会环境要更加适老化。社会环境适老化既包括硬环境适老化，又包括软环境适老化。前者是指与老年人生活密切相关的各类设施要适老化，为老年人参与社会生活提供必要的、合适的条件。后者是指整个社会要形成一种有利于老年人继续发挥作用的环境和条件，要形成孝老、敬老、养老的社会氛围和文化。我们应该致力于创造一个智慧老龄社会，让老年人在适宜的社会环境中获得尊严，平等和积极地生活。随着信息技术的不断发展，这个目标变得更加可行。我们需要建立一个不分年龄、人人都能分享的社会，让老年人也能够充分利用信息技术的便利。这样一来，老年人就可以更加自主地生活、学习和社交，同时也能够为社会做出更多贡献。我们应该注重改善老年人的生活环境和服务设施，提高他们的生活品质和幸福感。同时，我们也需要加强老年人的健康管理和医疗保障，让他们能够享受到更好的医疗服务和护理。此外，我们还应该鼓励老年人积极参与社会活动、志愿服务等公益事业，让他们感受到自己的价值和存在意义。在智慧老龄社会中，我们应该注重老年人的需求和权益，为他们提供更多便利和支持，让他们能够充分发挥自己的潜力和才华。同时，我们也需要加强对老年人的尊重和关爱，让他们感受到社会的温暖和关怀。只有这样，我们才能真正实现智慧老龄社会的目标，让每个人都能够享受到幸福、健康、充实的老年生活。

## 三、探索中国特色的养老模式

尽管在社会转型过程中，养老社会化是必然趋势，但由于国情不同，不同国家和地区可以在养老模式选择上表现出自己的特点。2021年11月发布的《中共中央 国务院关于加强新时代老龄工作的意见》中强调“走出一条中国特色积极应对人口老龄化道路”。解决中国的养老难题，必须立足中国基本国情走一条有中国特色的养老之路，实现“中国式养老”。即中国养老模式应该把握中国人口老龄化特征、传统文化、社会主义国家性质、时代特点。

中国人口老龄化的特点是养老模式选择的现实依据。首先，中国人口老龄化是在经济不发达的情况下起步的，如果将世界各地区的经济发展水平和老龄化水平从高到低进行排序，可以发现中国人口老龄化水平的排名明显高于经济发展水平的排名，表现出明显的“未富先老”特征。未富先老会导致整个社会还未积累起足够的财富来应对人口老龄化的挑战，对解决养老问题形成现实的制约和影响。其次，中国人口老龄化速度也是世界上最快的国家之一。中国65岁及以上人口的比例从7%上升到14%用了约20年，远低于欧美发达国家所经历的时间（多在40年以上）。随着人口老龄化的加速，社会必须迅速做出反应。我们需要抓住时机进行制度建设和财富创造，以便更好地应对未来可能出现的养老问题。此外，由于区域和城乡之间存在巨大差异，养老问题变得更加复杂多变。因此，我们必须处理好不同地区和城乡之间的统筹与平衡，以确保所有老年人都能够享受到公平、合理的养老服务。

中国的养老模式选择源于传统的孝老、敬老文化。这种文化观念在中国历史上已经存在了很长时间。中国人非常注重孝道与尊敬长辈的传统文化，而且这种文化观念早在先秦时期就已然形成。孔子更是强调子女应该在尊敬父母的基础之上，赡养好父母，要做到以色侍亲，简单来说就是要用和颜悦色的态度侍奉父母，使他们能够在精神方面保持愉悦感受。[①] 中国传统的家庭养老模式以孝老、敬老文化为基础，这种文化观念深植于人们的心中。在这种模式下，家庭成了老年人物质和精神供养的自然来源和居所。虽然现代社会发展迅速，但是传统家庭养老模式仍然得到国家的支持。有研究认为，这种支持实际上是一种国家推动下的家庭养老政策。在这个政策框架下，政府通过各种措施鼓励和促进家庭对老年人的照顾和关爱，如提供税收优惠、社会保障补贴等。同时，政府也加强了对家庭养

① 吕红平，李振纲．孔子孝道观与家庭养老方式[J]．人口研究，2008（2）：81-86.

老服务的监管和规范，确保老年人得到合适的照顾和服务。[①]孝老、敬老文化和家庭养老传统为构建新养老模式带来了营养，这正是国家在养老服务体系建设中始终强调“以居家为基础”根源。

我国社会主义的国家性质和计划生育政策是选择养老模式的制度背景。公平正义是社会主义本质要求，是社会主义题中之义。[②]中国是社会主义国家，所以选择养老模式也要坚守公平正义，政府坚持为人民服务，履行相应责任，使得“人人享有基本养老服务”。中国实行计划生育政策的历史背景导致大多数家庭生育子女数量降低，产生了少子化问题。传统家庭养老力量大为削弱，政府需要承担更重的责任来组织好社会养老服务。这种趋势对于中国的未来发展和社会稳定都带来了挑战。因此，政府应该采取措施鼓励家庭生育，并且加大对老年人的照顾力度，提高社会养老服务的质量和覆盖面。同时，政府还应该加强对家庭养老的支持和引导，鼓励家庭成员相互照料、关爱，并提供必要的帮助和资源。此外，政府还可以通过税收优惠等方式来鼓励企业和个人参与养老服务，促进社会力量的参与和发展。在这个过程中，政府需要加强监管和管理，确保养老服务的质量和安全。

中国正处于社会转型期，中国特色社会主义进入新时代，这是选择养老模式的时代特征。在社会转型期，养老社会化快速发展，养老模式现代化转型，各项养老制度发展进入关键期。新时代我国社会主要矛盾变成人民日益增长的美好生活需要和不平衡不充分的发展之间的矛盾，必须着力解决养老领域不平衡不充分问题，满足老年人日益增长的美好生活需要。

① 姚远．养老：一种特定的传统文化[J]．人口研究，1996（6）：30-35.

② 何建华．公平正义：社会主义的核心价值观[J]．中央社会主义学院学报，2007（3）：64-68.

# 第二节　我国社会养老服务的探索实践

## 一、吉林省养老服务的发展路径与战略意义

### （一）吉林省文化养老的发展路径

中国是世界四大文明古国之一，拥有悠久的历史和灿烂的文化。这为吉林省提供了广阔的发展空间，特别是在“文化养老”方面。近 40 年来，中国改革开放取得了巨大成就，为吉林省“文化养老”提供了坚实的物质基础。这使得老年人能够享受到更好的养老、医疗条件，同时也能够获得更多的教育和学习机会。此外，“文化养老”还为老年人提供了更多的娱乐和社交活动，满足他们的物质和文化需求，让他们在晚年生活中感到更加幸福和满足。可以说，“文化养老”已经成为老年人生活中不可或缺的一部分，促进了老年人的身心健康和社会融入。

1. 弘扬孝道文化

我们国家拥有尊老敬老的优秀文化传统，和孝道存在非常紧密的关系，彰显着人道主义准则，其中包含着和谐思想，也蕴含着知恩图报美德。我们应该通过单位、部门、社区等多种途径来实施敬老、爱老、助老行动，让全社会都参与到弘扬孝道文化中，解决老年人后顾之忧。同时，我们也应该在老年人子女、服务工作者和志愿者中开展评选“尊老孝星”“助老明星”等活动，挖掘出养老服务先进经验和典型，并建立良好的宣传渠道、形式和平台。此外，我们还应积极开展“五带头”优秀老年人党员以及“孝亲敬老之星”群众性评选活动，让老年人感受到社会的关爱和尊重。

为了弥补家庭养老的不足，社区可以开展多种形式的养老服务。例如，举办健康知识流动课堂，宣传养生知识，提倡科学生活方式，让老年人在学习中感到快乐，在运动中保持健康。同时，我们还应逐步构建老年人社区就近医疗保健服务网络，让社区卫生服务站的医护人员定期上门为老年人进行体检和健康指导。此外，还应开展“健康文明之星”群众性评选活动，鼓励老年人积极参与健康生活。通过这些努力，我们可以让老年人在社会中沐浴关爱，享受健康、快乐的晚年生活。

2. 培植先进文化

老年大学是老年人进行精神养老的场所，也是老年文化传播基地。为了满足老年学员的特点和需求，我们应积极搭建平台，并注重在专业设置和教学过程中体现“文化养老”，强化文化的辐射作用。具体而言，应采取以下措施。

首先，老年大学应该兼容互补地开设各种特色课程，创造品牌专业，发挥“文化养老”作用。通过主流文化引领多元文化、发展先进文化等方法构建学校专业（课程）体系文化平台。各个学科间应兼容互补、有机统一，把老年大学打造成老年教育示范中心、指导服务中心、理论研究中心。同时，各个镇乡（街道）应该根据当地老年人的需求，探索建立不同规模的老年大学，使其在发展当中走向成熟、规范。

其次，我们应该做好春秋两季镇乡（街道）老年电大招生工作，根据老年人的需求和兴趣，提供适合他们的课程。这样可以让老年人在家中就能够接受高质量的教育。

最后，我们应该大力发展社区（村、居）老年学校，构建老年教育服务中心，并完善区、镇、村三级老年教育服务网络。这样可以让老年人在家门口就能够接受高质量的教育和培训，提高他们的文化素养和生活质量。通过以上措施，我们可以更好地满足老年人的需求，让老年大学成为老年教育的示范中心和指导服务中心，促进老年文化的传承和发展。

3. 发展休闲文化

休闲是生活中不可或缺的一部分，它可以促进文化的成长和提升，同时也是传播和继承文化的重要途径。老年人时间充足，应该积极参与休闲文化活动，享受其中带来的快乐。为了满足老年人的需求，我们需要加快推进老年文化活动场所的建设步伐。这些场所包括综合活动中心、“星光老年之家”、社区（村、居）老年活动室等，以发展休闲文化。同时，各类文化、体育和康乐设施应无偿开放或者优惠开放，深化公共文化惠民服务品牌，确保老年人文体娱乐活动的场地设施充足。为了拓宽老年人的休闲文化渠道，各级各类老年人活动团体应该因地制宜，组织各类兴趣活动、文娱竞赛活动，提高活动知识性和趣味性。除此之外，我们还应该重视老年人才资源的开发利用，加强基层老年协会规范化建设，发展老年群众文化组织和文体队伍，并培育文体骨干，引导老年人发挥余热。我们应该吸收那些具有特长爱好、会组织和善于发动的老年人加入骨干队伍，为社区文化建设贡献力量。此外，我们还应该定期开展老年人文化艺术节、运动会等活动，让老年人展示才华和能力。同时，我们也可以开展“老有所为贡献之星”等评选活动，鼓励老年人成为特殊群体中的示范带头人。

总之，我们应该加强对老年人休闲文化需求的关注和满足，建设更多适合老年人参与的场所和设施，并丰富老年人的文化生活。同时，我们也要充分发挥老年人的才华和能力，让他们成为社区文化建设的重要力量。这样，我们才能更好地满足老年人的休闲需求，促进老年人身心健康和社会融入。

### （二）吉林省文化养老的战略意义

文化养老是社会文明和进步的重要体现，也是构建和谐社会、推动老龄工作全面协调可持续发展的必然要求。我们应该共同努力，为老年人提供更多学习、交流和精神寄托的机会，让他们在晚年生活中感受到社会的关爱和温暖，实现老有所为、老有所乐的目标。同时，我们也应该注重传统文化的保护和传承，让老年人在传承中感受到自己的价值和存在意义。政府、社会组织和个人都应该积极参与其中，共同推进文化养老事业的发展，为构建一个更加和谐、温暖的社会做出贡献。

#### 1. 文化养老能积极应对人口老龄化

在“未富先老”的人口老龄化发展背景下，社会面临的养老压力越来越大，挑战越来越严峻。如果说随着经济的发展，财政能力的增强，资金投入的加大，老年人养老金水平逐年提高，社会养老体系逐步完善，物质生活、经济供给方面养老问题能够逐步有所保障。那么，随着老年群众精神文化需求日益增长，文化养老问题日益凸显，同样应该引起我们高度重视，并且很好地加以解决。在“老有所养”的命题中，文化养老和经济供养同样是题中应有之义，相辅相成，缺一不可，能够在应对人口老龄化问题方面发挥同样的积极作用。

#### 2. 文化养老能使老年人树立正确的价值观

文化养老可以让老年人重新掌握知识技能与就业，发挥自己的专长。我们常常误以为老年人思想认知已经停滞不前了，其实老年期仍然是成长和发展的时期，他们并不希望变得无所事事，而是希望不断成长。因此，我们应该帮助老年人正确认识和实现自身价值，并且不断追求更高质量的生活。通过文化养老，老年人可以参加各种有趣的活动，在轻松愉快的氛围中净化心灵，提升素质，改善心态。同时，文化养老也有助于家庭、社会建立正确的老年价值观。这种健康积极的老年观念有助于实现健康积极老龄化，促进老年人身心健康发展，同时也能开发老年人力资源，减轻经济建设中的人才不足负担，提升社会可持续发展水平。因此，文化养老不仅可以帮助老年人重新获得自信和价值感，还能够为整个社会注入更多正能量和活力。

3. 文化养老能满足老年人的内在需求

有学者认为，个人的心理发展依赖于在生活不同时期建立的社会关系。人在每一个发展阶段都会遇到不同的特殊问题，这些问题解决得好，产生良好效果，解决得不好，则产生不良效果。由于老年人体力、心力和健康每况愈下，老年人必须做出相应的调整和适应，这也被称为完美的自我调整对绝望感的心理冲突，这种冲突可能会给人带来不同的体验，有时充实而有时绝望。自我调整是一种接纳自己、认识现实的感受，也是一种超越的智慧。如果一个人能够通过自我调整来战胜绝望，那么他将获得智慧的品质，这种品质被定义为“以超然的态度对待生死”。当一个人解决了这个核心问题后，他所拥有的人格特质将包括积极健全的人格，逐渐拥有健康的人格品质。从完善人的心理机能层面看，在老年人晚年生活中这种心理方面的内在需求，要依赖与外界建立良好的互动和联系、有效的交流和沟通，真诚的慰藉和关怀要靠文化养老来提供和满足。

4. 文化养老能丰富老年人的精神世界

老年人可以通过加入合唱团、舞蹈队等活动，来丰富文化、娱乐生活。这样能让老年人感到放松和舒适，同时也能提高他们的精神生活质量，真正做到“老有所乐”。现在，“乐文化”越来越流行，它与老年人的需求紧密相连，成了一个社会层面的精神养老话题。我们需要将孟子的“老吾老，以及人之老”发展到更高的层次——“亲吾亲，以及人之亲”，并且文化养老作为一种人性化的养老方式，可以得到社区内情感上的支持。老年人既能享受社区提供的服务，又不会失去温馨的家庭和熟悉的社区环境，更符合他们的心理特点，体现出人性化。同时，由于地域差异，各地区的养老需求也不同。社区公共服务可以深入了解当地老年人的需求，发展更人性化的养老方式。此外，社区内成员之间相互了解，对于困境中的老年人提供保障救助也更迅速。

5. 文化养老能传承中华优秀传统文化

在我国的传统文化中，养老文化是非常丰富和悠久的。孔子在《论语》中提出了“老者安之，朋友信之，少者怀之”的思想，其中“安老”被视为孔子重要的社会理念。在春秋时期，齐国著名政治家管仲在治国实践中提出了“九惠之教”，即行九项惠政，其中包括国君巡视时要关注老年人的生活和需求。孙中山在阐释民生主义时把养老问题和民生之本联系起来等。纵观几千年养老文化，大多为经济供给所养、物资保障所养、生活照料所养，精神文化养老虽有提法，但阐述不多。据《礼记》记载，大舜时期就有“设庠养老”之说，将老有所学与老有所养结合到一起。孔子曾在《论语·为政篇》中说“今之孝者，是谓能养。至于犬马，皆能有养；不敬，何以别乎？”只有在满足基本物质需求的同时，加强文化养老，才能体现出人类道德进步、人文关怀和文化精神，才能展现出“人”之所以为“人”的内涵。另有学者提出了这样的观点：我们需要从文化层面上思考老年和养老的问题。积极的文化力量可以激发爱心、整合资源、共同规划未来。因此，我们需要建设具有积极意义的代际文化和人类养老文化。今天，我们提倡文化养老理念，不仅是对传统养老文化的传承，也是进一步丰富其内涵、拓展外延的探索。只有这样，我们才能真正实现老年人的全面发展，让他们在晚年也能够继续为社会做出贡献。

## 二、黑龙江省社会养老服务体系的实践

### （一）“3+N”社会养老服务体系

马斯洛的需求层次理论是行为科学领域中的一种理论。该理论将人类的需求分成五个层次：生理需求、安全需求、归属感和爱的需求、尊重和自尊心的需求、自我实现需求。其中，前两个层次是物质需求，是初级阶段；第三个层次则是从初级阶段向高级阶段精神需求的过渡阶段；而后两个则代表着精神需求，即高级阶段。这种层次性决定各层级间有严格实现程序和递进关系，只有某一层次需求得到满足时，才会向更高层次需求发展。

通过对马斯洛需求层次理论的分析，我们可以发现老年人同样存在着五种相应需求（如图 4-2-1 所示）。

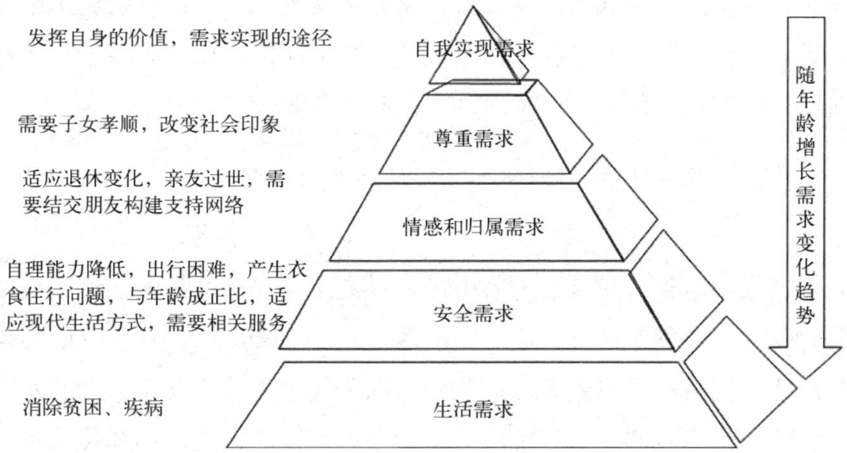


**图 4-2-1　老年人需求金字塔**

如图 4-2-2，“3+*N*”社会养老服务体系以居家、社区、机构为三足，撑起医养结合、文化养老、以房养老、候鸟养老、互助养老等“*N*”个元素铸成的“重鼎”。鼎之三足对应满足“金字塔”需求最底层，“*N*”则满足“金字塔”相应层次需求。

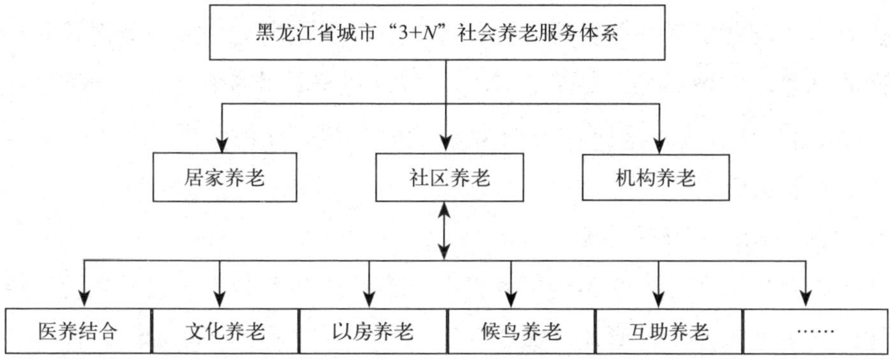


**图 4-2-2　黑龙江省城市“3+*N*”社会养老服务体系**

以上几种元素之间有时候是互相竞争，有时候又是相互包容的。比如说，老年人可以选择去海南过冬，住在自己的房子里或租房子享受社区服务和居家生活，也可以选择机构养老。而医养结合偏向机构养老，互助养老属于居家养老的一种。本书的研究意义在于丰富养老服务体系的内容，从制度上为老年人提供更多的保障，如异地就医、生存认证和无障碍环境建设等。同时，引导社会资本进入养老服务市场，相关单位应该落实优待政策，家庭也要支持老年人自主选择适合自己的养老方式。所以，“3”和“$N$”这些元素之间既有相对独立的部分，又有互相融合的内容，将它们黏合成一个完整的养老服务体系。

## （二）“3+$N$”养老体系的构成

### 1. 构成基础——居家养老

居家养老是指老年人在自己的家中进行日常生活和医疗护理，而不是住进养老院或其他机构。这种方式可以让老年人保持独立性和尊严，并减少他们与亲友之间的分离感。要实施居家养老，需要考虑以下几个方面：首先，老年人需要一个安全、舒适和无障碍的居住环境。这包括家庭设施的改造，如加装扶手、防滑地板等，以及购买一些辅助器具，如轮椅、拐杖等。其次，老年人需要有专业的医疗和护理支持。这可以通过雇佣家庭护理人员、请医生上门服务或者使用远程医疗技术来实现。另外，老年人需要社交和娱乐活动的支持，以保持身心健康。这可以通过组织社区活动、邀请亲友来家中聚会或者参加志愿者活动等方式实现。最后，老年人需要有一定的经济保障。这可以通过购买养老保险、申请政府福利和补贴等方式来实现。总之，居家养老是一种更为人性化和个性化的养老方式，可以让老年人在家中享受更多的自由和尊严。但是，实施居家养老需要考虑到各种方面的问题，并做好相应的准备工作。只有这样，才能确保老年人得到全面、专业和贴心的照顾，同时也能减轻家庭成员的负担，让他们更好地平衡工作和承担照顾老人的责任。

### 2. 构成依托——社区养老

社区养老是指在社区内为老年人提供全方位的养老服务，包括生活照料、医疗保健、文化娱乐等多种形式。随着我国人口老龄化程度不断加深，社区养老已经成了一项重要的民生工程。通过社区养老，老年人可以在熟悉的社区环境中得到更好的关爱和服务。社区养老不仅能够提高老年人的生活质量，还能减轻家庭和社会的养老压力。目前，我国政府已经出台了一系列政策来支持社区养老事业的发展，包括加大对社区养老机构的投入和支持、鼓励社会力量参与等。同时，也需要更多专业人士和志愿者的加入，为老年人提供更好的服务。在社区养老中，除了基本生活照料外，还应该注重老年人的精神需求。社区可以组织各种文化、娱乐活动，如书法、舞蹈、音乐等，让老年人在愉悦的氛围中度过晚年生活。

3．构成补充——机构养老

机构养老是指将老年人安置在专门的养老机构中，由专业护理人员提供全天候的照顾和服务。这种形式的养老方式逐渐成了现代社会中越来越受欢迎的选择。相比于传统家庭养老模式，机构养老有着更为完善的设施和服务，老年人可以享受到更加全面、专业的照顾。机构养老还能够提供社交活动和娱乐设施，让老年人在生活中不会感到孤单和无聊。此外，机构养老也能够减轻家庭成员的负担，让他们能够更加专注于自己的工作和生活。对于那些没有家人或者家人无法照顾自己的老年人来说，机构养老也是一种非常好的选择。当然，机构养老也存在着一些问题。比如，一些老年人可能会感到失去了家庭的温暖和亲情，需要更多的心理支持。同时，机构养老也需要付出相应的费用，对于一些经济困难的老年人来说可能不太容易承担。总体来说，机构养老是一种现代化、专业化的养老方式，能够为老年人提供更好的照顾和服务。但是在选择机构养老时，需要考虑自己的实际情况和经济能力，并且要选择正规、合法的机构，确保老年人得到安全、舒适的生活环境和优质的护理服务。

### （三）“3+*N*”养老体系的内容补充

1．“3+*N*”与医养结合

医养结合是指将医疗服务和养老服务相结合，为老年人提供全方位的健康管理和生活照顾。这种模式旨在满足老年人日益增长的健康需求，同时也能减轻家庭负担。目前，医养结合主要有三种模式：①医养结合社区：在社区内建立医疗机构和养老服务设施，为老年人提供便捷的健康管理和生活照顾。这种模式可以让老年人在家门口就能享受到专业的医疗服务和贴心的养老服务，同时也能方便家庭照顾老人。②医养结合机构：在养老机构内设立医疗服务部门，为老年人提供全面的健康管理和治疗。这种模式可以让老年人在一个安全、舒适的环境中接受专业的医疗服务，同时也能享受到养老机构提供的各种生活照顾和社交活动。③医养结合家庭：在老年人家中设立医疗服务点，为老年人提供上门诊治和健康管理。这种模式可以让老年人在自己的家中就能享受到专业的医疗服务和个性化的健康管理，同时也能减轻家庭照顾老人的负担。

医养结合是一种创新的服务模式，旨在为老年人提供更全面、便捷、高效的健康管理和生活照顾。通过不同的模式，老年人可以在社区、养老机构或家中享受到专业的医疗服务和个性化的健康管理，同时也能获得各种生活照顾和社交活动。这种模式不仅能够提高老年人的生活质量，还能减轻家庭的负担，缓解医疗资源不足的问题。因此，医养结合模式在未来将会得到更广泛的应用和推广。

2. 文化养老丰富精神需求

随着人口老龄化的加剧，养老问题已经成了社会关注的焦点。而文化养老则是一种新型的养老方式，它强调通过文化活动来提高老年人的生活质量和幸福感。文化养老不仅可以让老年人在精神上得到满足，还可以促进老年人的身体健康。通过参加文化活动，老年人可以增强自己的社交能力和认知能力，缓解孤独感和抑郁情绪。同时，文化养老也可以让老年人保持积极向上的心态，更好地适应社会变化和生活环境。文化养老的形式多种多样，可以是参加书法、绘画、音乐等艺术类活动，也可以是参加文学讲座、历史研究等知识类活动。这些活动不仅能够满足老年人的兴趣爱好，还可以让他们不断学习和进步。同时，文化养老也可以促进不同年龄段之间的交流和互动，增强社会凝聚力。在推广文化养老方面，政府、社会组织和企业都应该发挥积极作用。政府可以加大对文化养老的投入，建设更多的文化活动场所和设施，提供更多的文化活动项目。社会组织可以发起各种形式的文化养老活动，为老年人提供更多选择。企业也可以通过赞助或合作等方式参与到文化养老中来。

文化养老是一种有益的养老方式，它可以提高老年人的生活质量和幸福感，促进身心健康。我们应该积极推广文化养老，让更多的老年人能够参与其中，享受到文化养老带来的美好生活。同时，也需要加强对文化养老的研究和探索，不断完善文化养老的理论和实践，为老年人提供更好的服务和支持。让我们共同努力，为建设一个幸福、健康、美好的老年生活而奋斗。

3. 物质保障——以房养老

以房养老是指将自己的住房转化为一种养老资产，通过出售或者抵押等方式获取现金流来支持自己的养老生活。这种方式可以帮助老年人在退休后获得稳定的收入来源，同时也能够解决他们可能面临的经济困难问题。以房养老的作用主要有以下几个方面：首先，以房养老可以帮助老年人解决资金短缺的问题。在退休后，很多老年人可能会面临收入不足、医疗费用高昂等问题，而以房养老可以通过将房屋转化为资产来获取现金流，从而缓解经济压力。其次，以房养老还可以帮助老年人提高生活质量。通过以房养老获得的资金可以用于改善住房条件、购买医疗保险等，从而提高老年人的生活质量和幸福感。再次，以房养老还可以帮助老年人实现资产传承。通过将房屋转化为资产，老年人可以在自己有限的时间内将财富传递给下一代，从而保障家族的经济稳定和发展。最后，以房养老还可以促进住房市场的发展。随着人口老龄化趋势的加剧，以房养老将成为一种重要的养老方式，这也将带动住房市场的需求和发展。

以房养老是一种创新性、实用性和可持续性的养老方式，它可以帮助老年人解决经济困难、提高生活质量、实现资产传承，并促进住房市场的发展。对于那些拥有自己住房的老年人来说，以房养老是一种值得考虑的选择。但是，老年人在选择以房养老时也需要注意风险和合法性问题，建议咨询专业机构或律师的意见，做出明智的决策。

4. 互助养老

互助养老是一种新型的养老方式，它通过社区居民之间相互帮助、关爱和支持来实现老年人的生活照顾和精神慰藉。这种方式不仅可以减轻家庭负担，还能够提高老年人的生活质量和幸福感。互助养老的作用是多方面的。首先，它可以缓解家庭照顾老人的压力，让子女们不再需要全职照顾父母，从而减轻了他们的经济负担和精神负担。其次，互助养老可以提高老年人的社交活动和生活质量，让他们感受到社区的温暖和关爱。在互助养老中，老年人可以结交新朋友、参加各种活动、分享自己的经验和知识，从而增强了他们的自信心和归属感。此外，互助养老还可以促进社区的发展和凝聚力。通过互相帮助、关心和支持，社区居民之间建立了更紧密的联系和信任，形成了一个更加团结、融洽的社区氛围。这种氛围不仅有利于老年人的生活，也有助于社区的发展和繁荣。

互助养老是一种非常有意义和可行的养老方式。它不仅可以减轻家庭负担、提高老年人的生活质量，还可以促进社区的发展和提高凝聚力。因此，我们应该积极推广和实践互助养老，让更多的老年人享受到社区的关爱和支持。同时，政府、社会组织和企业也应该加强对互助养老的支持和投入，为建设一个更加温馨、健康、幸福的老年社区做出更多的贡献。

### （四）实施“3+N”社会养老服务体系的优势

1．满足多层次的需求

“3+N”社会养老服务体系的一个突出优势就是能够满足多层次的需求。无论老年人的自理能力、医疗需求和社交需求如何，都可以在这个体系中找到适合自己的服务。这不仅可以提高老年人的生活质量，也可以减轻家庭和社会的养老压力。首先，家庭养老服务适合那些有一定自理能力，但需要一定照顾和帮助的老年人。这类老年人通常不需要长期住院或入住养老机构，他们更愿意在家中享受温馨的家庭氛围。因此，家庭养老服务可以提供上门照料、日间照料、居家护理等服务，帮助老年人解决生活中的各种问题。其次，社区养老服务适合那些需要一定社交和娱乐活动的老年人。这类老年人通常有较好的自理能力，但是缺乏社交和娱乐活动，容易感到孤独和无聊。社区养老服务可以提供各种文化、体育、健康等方面的活动，让老年人在社区中找到归属感和快乐。最后，机构养老服务适合那些需要长期照顾和护理的老年人。这类老年人通常有较高的医疗需求或者生活不能自理，需要专业的医护人员提供全天候的照料和护理。机构养老服务可以提供各种类型的养老院、疗养院、护理院等，为老年人提供全方位的医疗、生活和社交服务。

2．促进政府部门之间的协调

随着我国人口老龄化的加剧，社会养老服务体系建设已经成了一个重要的议题。为了更好地满足老年人的需求，我国提出了“3+N”社会养老服务体系，即以家庭为基础、社区为依托、机构为支撑，并且加强社会力量和市场化服务的补充。这一体系的实施，不仅可以提高老年人的生活质量，还有一个重要优势就是促进政府部门之间的协调。在过去，我国社会养老服务主要由政府承担，但随着老龄化的加剧，政府单独承担社会养老服务已经难以满足老年人的需求。因此，“3+N”社会养老服务体系的实施，将社会力量和市场化服务引入其中，形成了多元化、多层次、全方位的养老服务模式。这种新型的养老服务模式，不仅可以提高老年人的生活质量，还能够促进政府部门之间的协调。首先，“3+N”社会养老服务体系中的家庭、社区和机构三个层次相互衔接，形成了一个完整的服务网络。这样一来，政府各部门之间的职责分工更加明确，协调起来也更加容易。例如，在社区层面，社区服务中心可以负责老年人日常生活照料、健康管理等方面的服务；在机构层面，养老院则可以提供更为专业化的医疗护理和康复服务。这样，政府部门之间可以根据各自的职责和优势，协同合作，形成一个有机的整体。其次，“3+N”社会养老服务体系中引入了市场化服务和社会力量。这意味着政府不再是唯一的服务提供者，而是与社会组织、企业和个人共同承担养老服务的责任。这种多元化的服务模式，不仅可以提高服务质量和效率，还能够促进政府与社会各方面之间的协调。例如，在市场化服务中，企业可以通过提供优质、便捷、创新的养老产品和服务来满足老年人的需求，同时也可以为政府减轻一定的负担。在社会力量方面，志愿者组织、慈善机构等可以通过提供志愿服务和捐赠资金等方式来支持养老事业的发展。这些社会力量和市场化服务的参与，不仅可以提高养老服务的质量和效率，还能够促进政府与社会各方面之间的协调。

3.吸引社会力量的参与

“3+N”体系让社会养老服务更加丰富，也为社会力量进入养老服务业提供了更多的渠道。这样一来，我们就可以推动社会力量成为养老服务的主要提供者，从而给老年人带来更好的养老服务和产品。政府在这方面有着基本的责任，但是完全依靠政府也不可能完成这项任务。因此，我们需要多种方式和多元主体共同建设社会养老服务体系。

候鸟养老将养老服务业与健康医疗服务业、旅游业相结合，为旅行社、疗养机构等进入养老服务业提供了切入点。这种方式可以让更多的人参与到养老服务中来，同时也能够为老年人提供更加丰富和多样化的服务。

医养结合则是将一些闲置的二级医院转成养老护理院，或者在医疗机构内设养老机构。符合条件的养老机构可以享受建设补贴、运营补贴等扶持，同时也可以为老年人提供更加全面和专业的医疗护理服务。

而以房养老则是让银行、保险公司和房地产企业进入社会养老服务体系的建设中来。这种方式可以让老年人将自己的房产变成一种资产，从而获得更多的养老保障。同时，这也为银行、保险公司和房地产企业提供了一个新的市场机会。

总之，“3+N”体系为社会养老服务的发展提供了更多的可能性和机遇。政府需要尽到基本责任，但是社会力量也应该积极参与其中，共同建设一个更加完善和健康的养老服务体系。

## 三、深圳市福田区PPP项目实践

### （一）福田区福利中心简述

福田区政府和万科公司合作，对深圳市福田区福利中心进行了改造投资，并由万科公司进行运营。这是深圳市第一个公办养老机构PPP项目。在改造前，它由区政府事业单位运营，但是面临派遣员工困难、老人护理需求无法满足的情况。因此，在2016年，福田区政府通过公开招标引入万科公司养老资源。2018年8月升级改造后重新开业。如今该福利中心床位共420张，员工约100名，重点服务于福田区籍低保、三无、优抚等老人。

### （二）PPP模式的主体

福田区政府、民政局和万科公司联手打造了深圳市福田区福利中心的养老服务模式。2016年10月，福田区公开招标，最后浙江万科随园嘉树老年公寓管理有限公司胜出，负责运营该中心，并整合市场资源为老年人提供养老服务。这意味着福利中心将由万科公司来管理，他们会尽力为老年人提供更好的服务和照顾。

### （三）PPP模式的实施

深圳市福田区政府与万科公司的合作模式为BOT（建设－运营－移交），共同推进深圳市养老服务业的发展。政府主体方面，出台相关政策和制度、通力合作、财政投入以及积极配合万科公司开展养老服务有关工作并落实监管职责。而万科公司方面，承接福利中心运营、获取老年人基本信息、提供养老服务和整合资源等方面都做出了积极贡献。这种政府与企业的合作模式，不仅有助于提高养老服务的质量和效率，也能够促进社会资源的整合和优化配置，实现线上、线下双向服务供给。同时，政府与企业的合作还可以推动养老行业“放管服”改革，促进养老服务供给主体多元化发展。

福田区政府在财政投入方面做出了很大的努力，通过建立老年日间照料中心和提供养老床位等方式，为老年人提供更多的养老服务。而万科公司则通过获取福田区老年人基本信息、建立紧急呼叫系统和整合资源等方式，为老年人提供更加全面和贴心的养老服务。

这种政府与企业合作的模式，不仅可以为老年人提供更好的养老服务，也能够促进社会资源的优化配置和整合。同时，政府与企业之间的合作还可以推动养老行业“放管服”改革，促进养老服务供给主体多元化发展，为整个行业的可持续发展打下坚实基础。

### （四）PPP 模式的实施成果

1. 供给主体方面

福田区政府和万科公司携手合作，致力于完善服务平台数据，了解符合户籍条件的老年人基础信息。福田区政府还为入住中心的特定养老对象建立健康信息档案，实时更新管理健康信息。此外，福利中心还负责运营社区居家养老服务站，向社区老年人发放了需求调查问卷和入户调查。福利中心整合深圳市的养老院、医院、超市、药店、家政、餐饮等力求打造“没有围墙的养老院”，让服务有温度、有尊严和有质量。福利中心以高龄、慢性病、护理型和失智类长者作为核心客户，同时也关注自理和半护长者，为周边社区提供居家养老服务。福利中心制定了《服务商管理标准体系》，提高养老服务性价比。福利中心与老年人签订服务合同，建立养老服务圈，全程监督、审核考评，实行优胜劣汰。

2. 供给内容方面

福田区福利中心是由万科公司运营的，提供了多种服务，包括护理照料、医养结合、康复服务、社工服务等。此外，还有“3110”居家养老服务和健康档案管理等综合管理服务。福利中心还积极走访社区和老年人家庭，收集各种与老年人相关的基础数据，如体检健康、行为习惯等，并不断更新数据。通过大数据技术处理和分析老年人用户数据，以更好地为政府、企业和子女提供精准养老服务。福利中心还搭建了平台，加强监管，以更加精准地发放财政资金。同时，万科公司也通过这些数据挖掘老年人的养老需求和开辟新领域，并匹配服务资源、优化养老产品结构，设计更符合老年人需求的产品和服务。此外，福利中心还为子女提供多维健康数据分析，如饮食、运动等，推送养老保健建议等。

万科公司建立的老年人健康档案与深圳市各大医疗机构对接，以便为老年人提供医疗康复服务。在福利中心，老年人可得到优质医疗服务和紧急救援服务。此外，根据老年人的身体健康状况和生活习惯，还可以为他们量身定制医疗服务，解决日常需求，完善生活服务功能。

3. 供给方式方面

福田福利中心以满足老年人个性需求为基础，运用现代信息技术设备准确快速分配养老服务资源。通过服务流程优化全程监管养老服务，升级养老服务产品，使其具备多层次、多元化特征，供老年人自主选择对应服务。福利中心的养老服务，不受时间、地点限制，旨在维护老年人的尊严。

深圳福田福利中心是市内第一个大型公办民营养老项目，承担改革试点任务。福利中心致力于探索有效的服务模式，成为深圳乃至全国标杆，并对推广 PPP 养老服务运营有示范价值。福利中心采用公办民营合作模式，充分发挥社会力量的优势，为老年人提供更加全面、专业、贴心的养老服务。同时，福利中心还积极探索创新服务方式，如引入智能化设备和互联网技术，为老年人提供更加便捷、高效的服务体验。福利中心还注重培养专业化的养老服务人才，建立完善的管理制度和质量监控机制，确保服务质量和安全可靠性。作为深圳市公办养老机构改革试点项目，福利中心将继续不断创新和完善服务模式，为老年人提供更加优质、便捷的养老服务。

## 第三节　我国社会养老服务的优势需求

### 一、老年人对机构养老的需求加大

虽然目前老年人受传统家庭养老文化的影响，选择机构养老的比例不是很高，但随着社会经济的发展，人们观念的改变，老年人愿意入住养老机构的比例将呈现一个逐渐上升的态势。未来机构养老的潜在需求很大，老年人的入住意愿也会随着需求的增加而不断提高。

### 二、老年人类型的多样化

#### （一）“三无”“五保户”

面向城市“三无”老人和农村“五保户”老人应当提供无偿服务。这些老年人特别需要养老机构，除了经济上没有保障外，他们在生活上更缺少照料，在机构进行养老是他们最好的选择。社会福利事业发展需要保障“三无”老人和“五保户”老人的基本生活需要，对“三无”老人和“五保户”老人实行集中供养，而这也是社会福利机构最早设立的目的之一，当前也是各地的社会福利院主要负责收养这些老年人。一些社会福利性质的养老机构明确表示他们收养的对象主要就是“五保户”老年人，提供免费的吃、穿、住、医疗服务，甚至包括老年人的丧葬料理事宜。

### （二）需要护理的老年人

介助和介护老人相对于自理老人来说，是比较需要养老机构的，特别是介护老人，更需要养老机构的照护。一般情况下，身体状况欠佳的老年人更愿意入住养老机构，因为养老机构能够更为有效地提供生活和医疗上的照顾和护理服务。从美国和我国香港地区的经验可以看出，养老机构主要是向生活上需要照料和专门护理的老年人提供服务，这些养老机构还必须根据老年人所需要护理和照顾的不同程度提供相对应的设备和人员配置，以保证服务的质量，让老年人得到最好的照护。目前我国内地大部分养老机构在护理和照料上没有等级上的差别，只有少部分护理院明确表示主要服务于需要护理的老年人，但护理什么样的老年人并无标准。而目前市场上也欠缺专门服务于介护老人的养老机构，只有少数机构表示专门接收介助和介护老人，但仍然不是完全意义上的介护老人护理机构。当老年人长期卧床不起或精神严重衰退时，他们及其家属最需要社会帮助来提供全天候的基本生活照料。这种情况下，介护老人成了最需要机构养老服务的群体之一。因此，我们呼吁社会应该更加关注和支持这些需要帮助的老人，为他们提供必要的照料和关怀。同时，也应该加强对机构养老服务质量的监管和管理，确保老人得到优质、安全、可靠的照料服务。只有这样才能让老年人和其家庭感受到社会的温暖和关爱，让老年人的晚年生活更加幸福、健康、有尊严。

### （三）有需求意愿的自理老人

生活上完全可以自理的老年人，如果有到机构养老意愿的，当然也可以选择养老机构安度晚年。有些老年人觉得家里的居住空间不够，或者是喜欢和其他老年人共同居住，或者是子女不在身边，还有的老年人觉得居住在养老机构中生活更方便、更省事。很多老年人的观念也在不断放开，他们有权力决定选择何种方式养老。目前我国有许多民办养老机构，如各种类型的老年公寓，根据居住环境和条件的不同，提供不同层次和价位的养老居住空间，老年人可以根据自己和子女的能力选择适合自己的养老机构。在这群自理老年人群体中，不乏一些候鸟式的老年人，他们经常根据季节的变化选择短期居住在不同地方的养老机构中。

## 三、老年人需求和养老机构的供给要均衡

首先，借鉴美国和我国香港地区的经验，并结合我国内地的国情，考虑到民政部拟定的有关收养人员分级护理标准及相关的服务内容和服务规范的规定，对我国目前现有的以及未来还将申请开办养老机构的项目进行总体上的统筹规划，根据老年人需求意愿和实际的需求状况对养老机构进行功能上的分类，并规定每一种类型养老机构的数量比例。未来我国的养老机构将按照主要收养老人需要照料的级别不同分为三类，无论其院名或所有制性质有何不同。第一类是重度护理养老院，专门收养需要一级护理和专业护理的老人；第二类是中度护理养老院，收养需要二级护理的老人；第三类是轻度护理养老院，收养需要三级护理或不需要护理的老人。社会福利性质的养老机构则主要服务于“三无”老人和“五保户”老人，即没有子女、没有经济来源、没有退休金等基本生活保障的老人，以及享受国家五项基本保障的老年人；其他性质的养老机构应该按照以上的三个层次有选择、有目的性地调整自身的主要功能，明确自己主要服务的老年人群体，改变目前养老机构功能上雷同的现状，给予老年人不同的选择空间。

其次，提高专门提供重度护理服务的养老机构的比例，增加床位数，并提高这些机构护理和照料服务的质量和层次。随着我国老龄化社会的迅速发展，高龄老年人不断增多，未富先老的现状严峻，使得资金和资源都显得十分有限，在这样的情况下，应首先考虑将有限的资源运用在急需帮助和最需要帮助的老年人群体上，如介护老人，而专门服务于介护老人的养老机构明显不足。当老年人长期卧床，生活基本或完全无法自理，需要全天候的照护时，老年人的家属也显得力不从心，不能给予更专业周到的服务，这时养老机构就可以提供相应的服务，解除老年人及其家属的困扰，提供 24 小时的全方位专业护理，让老年人得到更好的照护。因此，对于目前出现的有些养老机构床位空置，而又有许多老年人需要服务却无法得到满足的现象，应该在对现有的养老机构进行功能划分的基础上，

增加重度护理养老院的比例，其中最快捷和最有效的方式是让现有的一些具有一定护理能力和潜质的养老机构转型，在政策上和资源上给予扶持，帮助这些养老机构增加服务设备和服务床位，改善服务环境，并培养更多相关的护理人员，提高他们护理的能力和水平。

最后，对于当前不断发展壮大的老年公寓，各地均应给予支持和鼓励，但也要防止盲目性。老年公寓的发展应满足老年人不同层次上的需求，一般老年公寓是满足自理老人养老需求的一种公寓式居住方式，但是我国目前老年公寓的定位并不明确，许多公寓均面向所有的老年人，包括介助老人、介护老人，但提供的护理和照料服务的能力和水平却参差不齐，有的甚至达不到专业的护理水平，护理人员的服务技巧不足。改变老年公寓的功能趋同化的现状，可以将部分老年公寓转化为老年护理院，转型为专业护理介助老人和介护老人的中度和重度护理老人院。而老年公寓应主要为低度护理老人院，服务于基本可以自理的老年人，给予有需求意愿的老年人提供更多元化、更丰富的公寓式养老服务。当然目前也遇到一些发展上的瓶颈制约，就是收费问题，很多老年人认为老年公寓收费较高，他们无法承受，于是望而却步。针对这种现象，可以适当考虑将老年公寓进一步分类，一类主要是针对有支付能力的老年人提供他们所需要的居住环境和服务的老年公寓；另一类主要是政府适当给予扶持的针对支付能力较弱的老年人提供的公寓式养老空间。

## 第四节　国外养老服务体系的启示借鉴

### 一、国际养老服务体系建设经验内容

随着养老居住模式的变革，各国对养老服务体系的定位及建设理念亦随之发生变化，主要体现在以下三个方面。

#### （一）由保障生存到提升服务质量

发达国家早期的养老服务设施主要是由政府、教会或民间慈善组织兴建的，为贫困伤病老人提供临时居所和食物援助的“庇护所”。随着国家经济的繁荣和

社会福利体系的建立，政府开始开办能为部分老年人，特别是为退伍军人提供基本生活和医疗照护，并可以使其长期稳定居住的机构。这类机构大多是由医疗机构分支出来的医护型养老院，延续了多人合居一室的医院病房模式——环境冷漠乏味，缺乏个人私密性，也没有社交娱乐条件，行动不便的老人往往只能终日卧床，使住进养老院的老人长期处于消极萎靡的精神状态。

20 世纪 80 年代，欧美等国家战后出生的一代步入老年人行列。客观上，这一群体在政治、经济、文化等各个方面对社会发展的贡献和影响重大；主观上，他们的自尊、自强、自我关注、自我表达带动了整个社会对老年人权益的重视和行动支持。各国政府也开始对老年社会学、老年心理学、老年病学等学科研究增加投入，直接或间接地为提高老年人的生活质量提供了更多的科学依据和实践方法，促进了养老服务设施在物质环境、护理技术等方面的改善。养老服务设施逐渐从福利性质的收容场所向居住性质的生活场所转变。养老服务设施的建设理念开始变得充实与丰富，逐步摒弃最早以医院为原型的养老设施建筑形式，开始强调对居住环境、生活质量品质的保障，如提倡设计的人性化、在建筑空间实现居家化（去机构化）等。

**（二）由关注群体到关注个体**

自 20 世纪 90 年代末起，综合社会学、医学、生理学、心理学等学科针对老年人群研究所取得的突破性成果，欧美发达国家纷纷以蓝皮书、白皮书的方式将老年照护理念从“辅助生活”提升到“关注个体”的层次上，即强调把消极救助变为积极预防，通过便利和辅助老年人基本日常起居活动来延长其独立生活的时间；在必须接受不同程度人工护理的情况下，通过开展各种互动活动和加强有益的物质环境刺激，帮助老年人维护生理机能和促进其形成积极的心理模式。这一理念的推广促使养老服务设施的环境和服务发生了一系列根本性的变化，主要表现在以下 3 个方面。

（1）在设施类型和供应比例方面，更加突出日常居住、生活、娱乐特性。对原有住宅的适老化改造，以及老年公寓、老年社区和辅助生活型设施的开发建设逐渐取代了传统医护型养老院，这种趋势成为国外养老服务市场供给的主流趋势。这些新的设施类型更好地适应了大多数并不需要 24 小时医疗服务的老年人继续开展居家式生活的实际需求，既避免了传统养老院的类医院环境和类病患照护方式对老年人造成的负面心理影响，也在一定程度上缓解了公共医疗资源的压力。

（2）在服务团队配置方面，形成了更合理的人员架构。在服务团队的人员配置方面，逐步从以医护团队为主，转向以老年学专业技术团队为核心、基础护理和医疗人员为基本保障的人员架构。其中，技术护理团队包括心理治疗师、物理理疗师、作业理疗师、社会文化活动教育员、社工等。其工作内容除了组织一般性的娱乐活动，还包括更有针对性地提供个人或集体认知活动、体能锻炼活动和日常生活作业活动。这种照护方式既科学地提高了对老年人的照护效果，同时也减轻了护理员、护士、医生的工作压力。

（3）在建筑功能、形式及空间环境方面，对设计提出了更高要求。主要是指在养老服务设施的功能配置、空间组织形式以及老人起居和公共活动空间环境设计层面考虑老人的居住需求及心理感受，并进行更多样的设计予以满足需求。例如：增加了相对独立又能灵活互通的起居、就餐、娱乐、健身等公共功能空间；强调声、光、热、通风等建筑物理环境的自然舒适性；注重在空间尺度、环境色彩材质和家具装饰物等细节中营造家居氛围；在活动室的空间形态上考虑以活动主持者为圆心的围合型活动模式；加强个人空间的私密性和稳定性，只设单人或双人居室，避免设置多人间。

### （三）在养老服务中明确主体责任

目前很多国家对养老服务参与主体所承担的责任进行了明确分工，如美国、德国和日本，并且越来越多的社区养老和机构养老所推出的养老产品和服务逐渐高度市场化，随之而来的是志愿者和社会非营利性组织，还有营利性组织等都是养老服务参与的主体。市场上所出现的养老服务参与主体中虽然没有政府的直接参与，但是政府在养老服务相关法律法规的制定和资金支持，对养老服务供给主体的监督监管等方面都承担了主要负责人这一重要角色。美国在经济高速发展的同时，以养老院和护理院、康复院和医疗机构等为主的提供养老服务的机构越来越多，这将极大地促进美国养老服务体系的高质量发展。相比之下，德国就社会养老服务供给主体中政府所参与的部分是非常有限的，德国政府只有在家中无法赡养老人时，才会提供一定的养老服务支持，并且德国政府就养老方面是鼓励每个家庭提供相应的养老照料服务的，并且对那些提供家庭照料服务的会给予一部分资金支持。在养老服务体系建设方面，日本与上述两个国家都不同，日本政府主要承担制定养老服务规划的责任，并出台相关法律法规，向养老服务供给主体提供资金支持，培养养老服务方面的人才，对社会上非营利性或者营利性企业提供养老服务支持。日本针对养老服务体系的建设对养老服务供给主体进行了明确分工，共同促进日本养老服务的发展。

## 二、借鉴国际养老服务体系建设经验

### （一）发挥政府主导作用，多种主体共同承担责任

在养老服务体系建设中，政府应该充分发挥自身职能，在制定法律法规和资金支持、组织运行与监督监管方面落实政府的主导作用。在建设养老服务体系过程中有两个关键点，一方面，对于有需要长期照料服务需求的老人来说，应该有保障性服务费用来源和相关制度；另一方面，应该提升养老服务供给主体的综合能力。我国必须结合国情，充分考虑国家综合实力和老年人的照料需求情况，总结国外先进的、优秀的养老服务体系建设的经验，强化我国政府的职能，发挥政府主导作用，号召社会上多种主体共同参与养老服务体系的建设，实现责任分工，紧抓关键点，突破短板，有序、稳步推进我国养老服务体系的建设。

从需求层次理论出发，对老年人服务需求等级可以划分为：生存型需求和普通型需求以及奢侈型需求。面对老年人不同需求等级，政府所承担的职责也不同。如果老年人的生存型需求无法满足时，政府有责任充分保障公民的基本生活需求。一般通过建设福利院，给老人提供一定的养老补贴，还可以通过购买养老服务等方式为那些生活困难的老年人提供保障其基本生存的生活服务。如果老年人有普遍型需求，政府则需要承担一部分职责，政府部门可以通过国家资金补贴和购买对应的养老服务进一步满足老人的普遍型需求。如果老年人有奢侈型需求，大部分养老所需物品主要由个人购买所得。

### （二）建立完善的养老相关制度

很多发达国家在推动养老服务建设的过程中都切实从老年人的需求出发制定

相关法律法规，通过建立成体系的制度，正确引导养老服务参与主体规范化发展养老事业，共同促进养老服务体系的健康发展。早在20世纪60年代，针对涉老法律美国已经展开了初步研究探索，后续出台了养老服务的市场准入和服务标准，还实施了养老服务机构的监管法规。日本针对养老服务体系的建设囊括了多个方面，有护理和保健、老年人补贴和人才培养、法律制度等。不过有关养老服务制定的相关制度一直以来都是根据老年人的需求和时代的进步不断改变的，都是以法律为前提，在保障老年人生活需求的同时，让每一位老年人都受到法律的保护。经济和社会发展较先进的国家在建设养老服务体系时往往倡导以市场化的方式进一步规范养老服务行业。这充分说明了发达国家正在以社会力量较强的方式管理养老服务市场，同时并不代表着没有政府的参与。在建立养老服务体系的过程中，如果相关立法没有落实，就会使得养老服务供给主体在服务供给方面无法切实普及到每一个老年人身上，造成养老服务市场局面混乱的现象。发达国家就养老服务体系的建立有一个完善的规章制度，我国应该学习其优秀的实践经验，帮助老年人获得所需的生活服务，建立并不断完善养老服务市场的法律法规。

### （三）整合各种资源，支撑产业发展和事业建设

养老服务的责任主体主要包含政府、市场和社会三个主体，另外家庭和个人也属于养老服务主体的范畴。很多国家的养老服务责任主体并未有明确分工，但是各国政府应该将全方位的养老服务保障模式作为养老改革的目标，同时还要保证社会的公平与效率，规范化制度设计，进一步明确养老服务的运行机制，加大力度监管相关部门，落实管理体制，共同推动养老服务体系的高质量发展。从美国自然形成退休社区（naturally occurring retirement community，NORC）项目中可以总结不少优秀的经验，我国可以从中借鉴好的、适合自己的方式，充分利用国际资源，提高养老服务体系的建设与发展动能。此外，美国的综合性老人健康护理计划（the program of all-inclusive care for the elderly，PACE）养老医疗护理服务模式也属于国外著名的养老服务体系建设优秀实践，这一模式主要通过建立新型、高效的预防医疗体系，将老年人的生活所需进行系统化、整体化的组织架构。有关社会养老服务体系的建设，我国还应该充分利用社会资源，注重养老方面人才的培养与发展，加强国际项目合作，加大护理行业的技术改革，

提升护理行业的工作环境，以进一步提高养老服务人员的社会地位，从而更好地提升老年人生活质量。借鉴日本和美国等先进国家在养老服务行业的优秀经验和实践成果，与这些国家之间达成长期的项目合作协议。

### （四）明确养老服务体系建设的发展方向

从我国国情出发，制定长期护理保险的相关政策与制度，将社区养老列入重点支持项目中。我国保障制度的发展主要经历了三个阶段，分别是国家全面保障制度、单位集体保障制度和社会保障制度，保障制度的发展历程充分体现了我国人民对政府具有较高的依赖性。以家庭为单位的养老服务主要受孝道文化的影响，因此想要提升老年人对居家养老服务的满意度，让老年人的生活逐渐以社区化为主，那么就需要整合社区资源，建立以居家养老服务为主的社区养老体系。除此之外，我国社会养老服务体系的建立还需要深入研究保障制度的改革历程，阶段性推动养老服务体系的建设。

养老市场表面上看起来是一个庞大的体系，但是其中究竟有多少项目和服务是本地老年人的切实需求，这些都需要前期的考察与调研，深入研究相关养老服务，引导和开发重点养老项目。另外，我国养老事业与养老产业的发展都需要以老年人生存性服务和发展性服务为出发点，以进一步开发出适合我国老年人的养老服务。对于发达国家目前正普遍使用的日常生活活动（activities of daily living，ADL）指标是一种以老年人年龄为主要依据，结合老年人的经济情况和自理能力，将老年人分为不同的病患等级，给他们提供不同层次的、以个体为差异的养老服务。这种方式可以为我国所借鉴与学习。

对机构养老和社区养老及居家养老的定位和发展方向进行明确细分，以更专业的角度在实际推进方面实现三者养老服务的均等化。加大力度转变养老服务的发展方向，将传统意义上以鼓励和支持为主的社区养老服务转变为由政府提供的养老基本公共服务。让机构养老和社区养老及居家服务可以共享社会资源，最大化提供养老福利。

### （五）智慧健康养老是未来发展趋势

目前美国在养老方面已经步入了智慧化建设阶段，美国利用大数据的技术优势，将养老服务系统建设成融智慧、全覆盖为一体的智慧健康养老体系。美国已经建立了由政府支持的家庭紧急救助系统，这个系统可以连接电视和电脑以及电话。将其放置在老人经常活动的卧室、厨房和浴室等关键性地点，对老人的日常活动进行智能化管理。我国养老服务体系的建设也在朝着智慧化管理方向靠近。期望可以通过发展智慧健康养老产业，形成一个生命全周期覆盖的智慧健康养老体系，致力于建设超百个以上的智慧健康养老示范基地，并且加大力度培育百家以上养老行业领军企业，制定超五十项以上的智慧健康养老产品，相信未来我国智慧健康养老产业可以形成一个良好的开端。

## 第五节　医养与养老服务机构的结合

### 一、医养结合概述

#### （一）医养结合的内涵

医养结合主要指医院将日常的医疗检查和康养恢复等相结合，可以实现老年人边治疗边康养，最终让老年人身体机能可以恢复的过程。医养结合中的“医”主要指有重大疾病，要进行必要的相关治疗与检查，还包括后期的康复训练。医养结合中的“养”则指老年人身体上的护理，包含心理的治疗，通过照顾老年人的日常生活，让其进行一定的功能训练，帮助身体机能全面恢复。而“医养学一体化”主要指将老年人的病况进行识别干预，将早期康复训练和老年人的日常生活与养护疗养等相结合的发展模式。当下医养结合已经发展为一种新型的、行之有效的医疗模式。

#### （二）推行医养结合模式的意义

首先，医养结合这一新型医疗模式在满足老年人养老服务需求的同时，还可以帮助老年人进行医疗与护理，这是一种具有三重服务的养老模式。医养结合主要是通过医疗手段与养老服务相融合，达到老年人“有病治病，无病疗养”的需求。医养结合这一新型养老模式在提供给老年人健康照护的前提下，还能让老年人获得享受良好的公共卫生资源，这对于具有慢性病和易复发病的老年人来说可以在医院进行长期治疗的同时，得到康复和护理双重照护，一方面可以缓解大型综合医院接受治疗的压力，还可以缓解医疗资源紧张的状况。如果可以接受专业医疗养老服务机构的治疗，那么让老人在得到医疗养护服务的同时，还可以帮助其减少子女的顾虑，让他们有更多的时间投入工作和生活中去。

其次，医养结合的养老模式可以帮助一些迫切需要养老服务的老年人。医养结合的治疗模式是以更先进的医疗技术为前提，提供的是更专业化的服务，可以很好地提高老年人的养老生活质量。

再次，医养结合的养老模式更适合处于长期需要照料，或者有慢性病和易复发病情的老年人，甚至半失能老人都可以让他们得到很好的照护。

最后，医养结合的治疗模式既考虑了老年人的养老需求，也兼顾了老年人的医疗需求，是适应现代老年人基本生活需求的新型养老模式。

### （三）多角度看医养结合

#### 1. 从公共治理角度看“医养结合”

公共治理指将公共责任的一部分转移到社会组织或者个人又或是非政府组织上，通过政府和企业以及社会团体之间的互相协作，形成多元化治理主体。公共治理的主体所参与的公共事务都是分工进行的，目的都是通过治理让社会逐步走向良好的发展道路。

从公共治理的角度看待医养结合，也就是说医养结合的养老模式同样需要多方主体的参与。医养结合需要政府平台提供大量的资金支持和政策支持，需要社会企业可以加入医养结合的养老服务项目中，帮助医院减轻财政负担，进一步缓解社会、家庭的养老压力。同样也需要社会多个医疗机构的参与，希望他们可以提供多样化的专业设备，更需要高校储备人才及科研院所的加入，以提升养老服务的综合水平。还需要更多来自社会中非营利性质的志愿者组织，有了他们的帮助，社会养老服务可以更有温度。总之，医养结合在国家多方平台主体的参与下，才可以走得更远。

#### 2. 从“福利多元主义”角度看“医养结合”

福利多元主义的提出者罗斯指出，社会福利不单单是由政府平台提供的，社会上的营利性组织和非营利性组织、公共部门以及家庭社区等都可以作为社会福利的提供者。而政府的角色可以逐渐转变为福利服务的规范者和购买者，还可以是物品管理的仲裁者，督促其他社会部门从事服务供给的角色。罗斯还指出，作为社会福利提供者的国家、市场和家庭这三者各有利弊，只有在三者的共同协作下才可以最大化社会福利的提供。

我国老龄化现象严重，政府的力量已然难以维持我国养老服务的持续前进，只有在国家、政府和家庭三者通力合作下，才能进一步推动我国养老服务事业的稳步发展。

政府部门在养老服务体系的建设中应该充分发挥引导作用，制定相关政策，规范养老服务市场，出台相关医养结合保障性政策和意见，明确医养结合的各类标准，进一步完善医养结合服务的体系建设。

市场作为不可或缺的医养结合供给主体之一，可以通过设立养老基金会和募捐会，汲取民营企业的运作资本，以拓宽医养结合养老服务机构的资金供给渠道。

家庭作为支撑医养结合养老模式发展的最小单元主体，可以发挥家庭的连带作用，号召社会多方联动，进一步满足越来越多的老年人医养结合养老服务的需求。

3. 从顾客满意度角度看医养结合

20 世纪 80 年代，美国著名的消费心理学家提出了“顾客满意度”一词，认为顾客满意度一方面是顾客在某种情况下的满意程度，另一方面是指顾客经过多次消费服务所积累下的评价。有关满意度的调查研究最早起于美国，之后逐渐在日本等一些发达国家开始应用。

老年人在选择养老服务机构时都会进行比较，通过调查走访深入了解每个养老服务机构的服务环境和条件。以医养结合养老模式为主的养老服务机构大多数都是民营企业，因此老年人的选择对养老服务机构的稳步发展有着直接影响。在医养结合养老模式中引入顾客满意度，可以在深入了解老年人照护需求的前提下，尽量全方位满足老年人的多种需求，使得医养结合的养老模式在养老体系中占据一席之地。

## 二、医养结合养老服务机构的服务

医养结合养老服务机构的服务通过将医疗服务和养老服务相融合，让老年人享受医疗、养护双重服务。给予老人基础生活照料的同时，还提供给他们相应的疾病诊疗服务和健康教育服务及康复护理服务等。

### （一）服务内容

1. 服务内容一：养老服务

生活照料服务主要是照顾老年人的日常生活，提供给老年人日常饮食的同时做好卫生清洁服务。生活照料服务包含多项内容，如生活起居、日常饮食、如厕等，保证老年人生活空间里空气湿度和温度的适宜性，注重清洁老年人的日常用品和居住空间，定期更换老年人的日常衣物和桌椅门窗等。对于那些行动不便的老年人，他们的生活起居和日常活动应该给予特别的照护，防止老年人摔伤或出现其他意外情况。老年人的膳食服务则需要照护到老年人的个人用餐情况，对于集体用餐则需要更加照顾老年人的饮食习惯和地方习俗，还有少数民族的饮食习俗。对膳食服务有特殊需求的老年人，会根据他们的身体状况和实际需求单独对他们进行膳食的营养搭配，以满足不同老年人健康饮食的需求。膳食服务还包含对后厨垃圾的管理与清理，对厨房餐具、锅具做到消毒处理。

清洁卫生服务主要是对老年人的居住空间和公共活动区域做到日常清洁与消毒处理。其中，居住空间的清洁卫生服务包含室内通风，定期对居住空间进行打扫，及时更换生活用品等。公共活动区域的清洁卫生服务主要指对老年人的公共活动空间做到日常清洁与消毒处理。

洗涤服务指对老年人的衣物和生活用具做到清洁与消毒，并且洗涤服务包含对老年人的衣物进行分类，再对它们进行清洗消毒处理。

文化娱乐服务主要是针对老年人的日常活动和娱乐需求，组织多种文化娱乐活动，如晨操和健身、节日庆典及合唱等，通过多种娱乐活动的参与，丰富老年人的日常生活，让老年人的心理得到慰藉。但是文化娱乐服务应该注重老年人的身体状况，避免发生意外。

心理支持服务是指通过对老年人进行心理干预和情绪的疏导，帮助老年人更好地调节生活中的消极情绪。心理支持服务主要包括定期开展老年人的心理疏导工作，对老年人进行定期评估，帮助老年人解决心理问题。

安宁服务指帮助老年人度过生命的最后时刻，并且做好相关事宜的安排工作。

安宁服务主要包括老年人生命垂危之际所给予的关怀与帮助，让他们体面地度过最后一段时光。

2. 服务内容二：医疗服务

老年人的健康教育工作主要包括向老年人普及健康知识，向他们提供健康咨询服务。普及健康知识是通过宣传相关知识材料，设立老年人健康活动室，播放健康教育音像材料等方式，帮助老年人了解更多的健康知识。其中，所普及的健康知识内容主要包括老年人的健康饮食、慢性病的预防和康复训练护理等知识。而且要保证老年人所接受的健康知识是最新的、科学的。健康咨询服务主要是机构定期邀请业内专业人士开展讲座，为有需求的老年人提供健康教育知识咨询工作。

老年人的健康管理工作主要包括制订适宜的健康跟踪计划，建立老年人健康档案。我国出台了相关规定，指出养老服务机构的老年人健康档案应全面覆盖，由此可见，健康档案的创建对养老服务机构有着不可替代的作用。健康管理工作指对老年人的生活习惯和身体指标等数据进行收集整理，帮助后续老年人健康管理工作的有序进行。制订健康跟踪计划可以更好地完善老年人日常生活中的健康管理工作，补充健康管理工作的不足之处。健康跟踪计划主要包括对老年人的医疗状况和日常生活进行跟踪记录。通过医疗跟踪计划可以详细记录老年人的身体医疗状况，及时复诊，有效应对老年人突发情况。生活跟踪计划则主要指对老年人的身体状况和饮食情况及心理变化进行详细记录，通过医疗跟踪计划的参与，充分掌握老年人的日常生活状况，以制订更详细的健康管理计划。

疾病诊治服务主要包括疾病治疗和疾病预防及急救服务。养老服务机构提供的疾病治疗服务要求有执业医师资格证的医生进行坐诊，也可以邀请专家定期进行会诊。那些患病的老年人也应该按照医生的要求接受治疗，并对老年病人做到巡视记录。疾病预防服务需要按照要求，让养老服务机构的所有老年人进行定期体检。除此之外，养老服务机构在向老年人普及健康教育知识的同时还需要加入疾病预防的相关知识，避免发生流行病，或是传播速度极快的病情。养老服务机构的急救服务应具备一套完整的急救制度，与定点协作医院签订绿色通道服务合约，有突发情况时，方便进行高效、快速的抢救治疗。除此之外，养老服务机构的医护人员应该具备基础的急救知识，便于在老年人送到医院之前进行相关的急救处理工作。

康复护理服务包含两部分内容，分别是康复服务和护理服务。康复服务是通过提供给老年人专业的康复训练指导，帮助老年人更好地恢复身体机能。康复服务不仅包括老年人的身体训练，还包括老年人服用药物的指导。护理服务工作主要针对老年人的身体情况进行护理分级，针对不同级别制订不同的护理服务。

### （二）服务目标

医养结合的服务目标以满足老年人日益增长的医疗护理需求为主，致力于做好养老服务事业，做到人人满意。医养结合以更精细的管理、更人性化的服务为基本要求，建立以政府、市场和家庭为主体的养老服务平台。科学、合理地设置养老医疗综合服务，实现医养结合的最大化资源配置，为老年人提供方便快捷、品质优良的新型养老服务体系，提升老年人的生活质量。

进一步探索老年医疗护理服务和养老服务相结合的新方式，通过整合社会资源，创建新的运作模式，加大资金支持，完备基础设施建设，以满足更多老年人的多样需求。全面推动养老医疗服务的融合发展，保障老年人得到高效、便捷的医疗照护服务，提升我国养老服务水平。

## 三、医养结合养老服务机构的特性

医养结合的新型养老模式是我国老龄化背景下产生的一种新型社会养老服务模式。医养结合的服务要求具有一定特殊性，且我国社会上大部分养老服务机构正在向医养结合的新型养老模式转变，由此，本研究对以医养结合为主的养老服务机构特征进行总结。

与一般养老服务机构相比，医养结合的养老机构需要具备专业的医疗设备和较高水平的医疗能力，这就要求其在环境、设备、管理、运营等方面的要求比一般养老服务机构要高。就环境而言，鉴于医养结合养老服务机构所服务的对象大多数是有疗养需求的老年人，他们往往需要一段时间的静养来恢复病情，又或是生活不能自理的老人，需要更安静的环境来满足他们的疗养需求。所以，一般的养老服务机构是无法具备这样的环境，以医养结合为主的养老服务机构更注重环境的品质，通常要求老年人生活空间具备空气调节设施，室内外活动场所配备常用的健身设施，整个养老服务机构拥有达标的绿化率。室内活动空间注重适老化设计，配置丰富的活动空间。

医养结合养老服务机构中的设施设备除包括日常照护内容外，还包括健康管理与宣传，疾病的诊疗服务和康复护理服务等项目，且这些工作内容都需要在专业的医护团队和医疗设施下才能高效完成。所以，这就要求医养结合养老服务机构在医疗设备和药品用具等方面严格把控，给老年人配置好常用的专业急救医疗用品，尤其是对那些患有慢性病和多发病的老年人来说，便捷的专业急救医疗设施与用品关键时刻可以满足老年人进行急救转移至医院的医疗转移器材所需。在专业医护团队方面，则需要严格把控医护人员的资质，由专业的、有执业医师资格证的医护人员组成医护团队。

在医养结合的养老服务机构运营管理方面，鉴于其服务内容相对复杂化、专业化，所以更加标准化的运营管理是极其重要的。医养结合的养老服务机构是从老年人入住之后就开始跟进，详细记录老年人的日常生活和健康诊疗，以及疾病诊疗和慢性病护理的跟进，建立健康档案管理系统，做到医疗护理的网络信息化管理。医养结合的养老服务机构在老年人日常生活中就必须建立完善的管理制度和风险系统，以保证老年人健康安全的日常生活，让老年人在舒适、高品质的环境中得到完善的健康护理服务。针对人员管理，养老服务机构应该严格把控相关人员的专业资质，构建完善的人员入职制度，设立系统的入职培训，以提升机构内员工的专业素养和服务水平，推动养老服务机构的整体化发展。

服务水平是养老服务机构最为重要的关卡，完善的、一流的服务内容是最为吸引老年人的环节，也是体现医养结合养老服务机构专业化的重要因素。这就要求养老服务机构具备更加完善的服务内容，以更好地满足老年人慢性病恢复、疾病治疗等方面的需求。与此同时，养老服务机构应该进一步提升养老服务质量，在提升基础养老服务的同时，将机构的养老服务朝着更加专业化的角度努力推进，真正地做到医养结合。

## 四、医养结合养老服务机构的作用

### （一）养老服务需求的多元化

我国的养老模式一直以来以家庭养老为主，受传统养老观念的影响，我国大部分家庭和子女都有“老有所终、老有所养、养儿防老”的传统观念，而且大多数老年人选择以家庭养老为主的主要归因为：第一，家庭的生活环境是老年人一直以来最为熟悉的环境，他们在年迈之际不太愿意接受新的事物。第二，家庭养老的成本要比养老服务机构养老的成本低，这就限制了大多数家庭的选择。第三，老年人更愿意和家人待在一起，享受家庭带来的快乐与温暖。但是随着我国经济的发展，养老模式的转变，以家庭为主的养老受外界环境的影响越来越大。家庭养老中，子女不具备专业的护理知识和护理设施，老人也就无法拥有专业的医疗护理和康复保健等服务。家庭所提供的养老服务内容较单一，对老人的生活照料也只是日常的生活起居和膳食照护。但是随着生活水平的提高，老年人的养老服务需求也在提升，传统的养老服务内容日趋单一化，根本无法满足大多数家庭老人的需求。而且随着家庭小型化的发展，老年人子女所面临的工作任务也越来越重，他们能够投入家庭养老上的精力更是少之又少，老年人在家里常常出现无人照料的情况。面对家庭养老的多个弊端，以家庭养老为主的养老模式开始向社会化养老转型，在减轻子女压力的同时，可以提供多元化养老服务内容，医养结合的养老服务机构逐渐出现在大众视野中。它们可以在提供给老年人基本生活护理服务的同时，还可以提供给老人更全面的康复保健服务和疾病预防服务，帮助老年人逐渐恢复身体机能，满足老年人的多样化的养老需求。

### （二）减少了资源的浪费

我国医疗机构和养老服务机构是相互独立的，医疗机构和养老服务机构之间也没有做到资源的整合利用，传统意义上，医疗机构只提供所求的医疗服务，而养老服务机构也只是提供老年人的生活起居照料和心理慰藉。这对医疗机构和养老服务机构来说都是有局限性的。

医疗机构的局限性主要体现在一些患有慢性病的老年人在医院得到治疗后，已经达到可以出院的标准，但还是会选择继续留在医院，他们认为在医院所接受的长期护理比在养老服务机构的费用低。对于病人而言，既在医疗护理需求上得到了满足，又经济实惠。因此，也就出现了医院里“占床位”“只进不出”的现象。这种现象对医院来说不仅造成了医疗资源的浪费，而且占据了有效的医疗资源。而养老服务机构的局限性主要体现在机构里的老年人面临着看病难、就医难的双重问题。由于养老服务机构入住的老年人有一部分是患有慢性病和身体失能或是半失能的老年人，这些老年人的就医需求会大大增加，在疾病发作时，无法得到高效、便捷的医疗诊治已经是常见的状况，老年人和家人都希望入住养老服务机构后可以得到便捷的医疗诊治服务，以减少病情延误所带来的伤害。但是目前我国大多数养老服务机构并不具备医疗卫生资质，老年人常常需要在医院和养老机构之间来回奔波，这对大多数家庭来说是极其不方便的。这种医疗机构和养老机构无法整合的现象，会造成医疗资源和养老资源的浪费，希望通过“医养结合”，使医院出现的“占床位”现象得到缓解，将“占床位”老年人分流到养老服务机构进行医疗护理，这样就能提高医院的床位周转率。与此同时，大部分养老服务机构也希望通过与医院之间协作，满足老年人对医疗服务的需求，或者希望医疗机构可以为养老服务机构提供专业医生团队的坐诊服务。由此一来，医疗机构和养老机构通过协作，可以整合资源，降低资源的消耗，因此急需构建以医养结合为主的养老服务机构模式。

## 五、提升医养与养老服务机构结合服务质量的对策

### （一）及时更新养老理念

目前，大多数老年人对医养结合的养老理念认识还不够深入，有部分老年人依然认同“养儿防老”“医养分离”等传统观念。老年人是慢性病高发的患者人群，而且老年人的身体健康状况差距明显。一方面，很多子女都不在老人身边，有的需要照顾孩子的学业，有的则奔波于忙碌的工作，在这种情况下，越来越多的老年人对机构养老服务的需求逐渐上升。另一方面，养老服务机构应该建立医养结合的新理念，将养老服务和医疗服务相融合。医养结合养老服务机构还需要将服务对象范围扩大，将独居或者寡居人群以及慢性病康复人群、高龄失能人群等也纳入服务对象的范畴，提供专业的照护服务。除此之外，作为养老服务机构应该丰富养老服务项目内容，以医养服务为核心，建立老年人娱乐互动的长效机制，提升医疗资源配置等级，开展专业医护团队的坐诊服务，定期专业问诊，还可以开展健康体检和保健咨询等服务。政府作为引导者可以加大宣传力度，借助网络平台，如微信公众号和微博等渠道，向老年人普及医养结合的养老理念，帮助老年人强化对健康养老的认知，树立良好的健康养老方式。

### （二）构建医养服务网络

随着我国人口老龄化形势日趋严重，老年人对医疗需求不断上升，但是面对庞大的老龄化人口规模，我国医疗资源仍相对匮乏。医养服务的主体还需要不断整合医养资源，提升医养资源的配置率，解决医养资源分布不均的现状。

国内大多数养老机构的设施设备仍有很大的局限性，医养机构应该扩大监控系统覆盖范围，充分关注老年人的日常生活状态并记录下来。在公共设施的配置上不断完善无障碍设计，在老年人经常活动的场所设置防滑垫和紧急呼叫系统，保障老年人在公共活动空间的安全。生活方面，以个体为主，给老年人提供定制化膳食。时常关注老年人的心理健康状况，给予老年人一定的心理安慰。帮助老年人建立和家人之间的沟通。还可以征集志愿者，组织对老年人的探访活动，通过老年人与年轻人之间的沟通，帮助老年人打发空闲时间，丰富日常生活。同时，医养机构还应该加强制度管理，建立完善的管理机制。

地方政府在推动医养结合养老机构发展方面有着不可替代的作用，政府应该制定长期规划，建立专项投入和预算增长机制。根据当地老年人的人均收入和家庭情况，并结合老年人自身健康状况，进行医养资源的合理配置，主要包含机构数量和床位数，以及专业服务人员数量等。政府还应该根据实际情况调整医养资源的配置，对行业标准进行完善，进一步配合养老市场的积极竞争，减少低端供给，避免对养老服务机构形成过度化管理，积极引导并鼓励社会力量参与到医养结合机构服务内容中去。

养老服务是一项长期、系统性工程，这主要取决于老年人的健康脆弱和经济脆弱及社会脆弱。养老服务与医疗服务无法脱离开来。老年人在步入年迈时期所面临的收入能力下降、生活自主能力下降等问题都是老年人对养老服务有一定需求的重要原因。这就要求养老服务机构必须从养老设施建设和养老物质要素等方面着手于养老服务的提升，以满足老年人多样化养老需求。

### （三）加强机构数字化管理

在步入年迈时期，老年人主要对经济、健康和情感的需求较大。这就要求养老服务内容要以经济、健康和情感为主，才可以满足大部分老年人的普遍需求。对于养老机构服务人员，应该从卫生、民政和社保等方面入手，配置专业人员。

还需要与当地高校、科研机构和智库等建立长期合作，组建专业的评估团队，编制完善的、科学的、系统的评估方法。养老服务机构还应该根据不同类别的老年人群进行医疗与护理服务的分类管制，充分融合医疗服务和养老服务，以应对多元化养老需求为主的适应性服务逐渐替代传统的单一化服务，在细分人群后，做到分类管制。对于养老服务的周期应该拓展到衰亡阶段，满足多数老年人对“老有所养”和“病有所医”的多样化需求。

充分重视老年人的心理活动和精神需求，老年人对精神的需求同衣食住行一样重要。不同老年人的性格和爱好不同，可以通过在特殊节日举办有意义的活动，如棋牌比赛、参观书画展览等，进一步丰富老年人的日常生活，满足他们的精神需求。考虑到一部分老年人有较大的心理压力，常常带有负面情绪，面对这种情况，养老服务机构应该给予老年人更多的关爱，对他们进行心理引导，与老年人交流谈心，进一步缓解老年人焦躁不安的情绪。还可以定期组织心理咨询团队对老年人进行心理疏导，根据老年人的情况制订个性化精神关爱计划，帮助老年人更好地度过晚年。

养老服务机构医养服务方案的制订离不开数字信息技术的支持。因此，以医养结合为主的体系建设中需要融入互联网技术，利用现代技术的支撑帮助社会在一定程度上解决老龄化问题。这就要求养老服务机构加强建设数字化管理平台，强调技术支撑的重要性，充分整合资源，进一步推动医养结合。老年人可以通过智能化数字平台与医生和护士进行沟通联系，预约诊疗服务、健康咨询服务等。通过数字信息平台还可以建立完善的个人电子档案，制订跟踪计划，记录老年人的家庭信息和个人爱好等。还可以将老年人的既往病史与用药史、体检结果等进行详细记录，其间如果发生变化，还可以在系统中及时更新相关信息。完善的个人档案还可以在必要时提供准确的病历，打破信息无法共享的难题，实现联动诊疗。数字信息平台的建立能在很大程度上解决传统医疗服务供给和需求难以互通的难题，从而提高信息交流的效率。

### （四）完善医养管理体制

第一，医养机构需要加大力度建设标准化体系，进一步提升管理水平。其中机构内民政部门可以成立“医养结合”工作委员会，由统一的、高效的、专业人员组成团队，形成专业化、标准化医养管理团队。机构还可以成立专业的工作指导小组，与其共同制定医养发展政策和发展目标。指导小组还可以调节机构部门之间的矛盾，由指导小组统一安排，细分各部门负责事项，促进各部门之间的沟通交流，提升资源配置效率。鼓励医养机构打造属于自己的特色品牌，以老年人需求为主，为老年人提供定制化、个性化医疗养老服务。政府还应该制定并出台相关法律法规，明确医养机构的职能。地方政府和卫生行政部门还应该根据地方老年人口的数量及养老需求制定地方规划发展指标，加大力度监管养老机构。医养机构还应该加强团队的建设与管理，提高机构综合服务管理水平，引进高级人才，加强对专业人员的入职培训，从而提升机构服务与管理的专业化、规范化水平。

第二，加大力度推动上级公共部门之间的协作。充分发挥政府部门的保障性作用，明确地方医养结合机构的发展目标和指导思想，细分机构内各部门的职责。保证各职能部门发挥好本部门的职责，提高各部门之间沟通交流的效率，打破信息闭塞，促进资源共享，完善各部门职责机制，工作中一旦出现消极对待行为，则予以严惩。政府部门应在适当的时机探索建立协调部门之间事宜的行政机构，做好资源分配，做到责任细分以及整合管理等职能。充分落实对医养机构的监管，还可以建立第三方监管部门。

第三，政府部门在开展地方医养结合相关工作时，必须保证与地方发展目标相协调、统一，让医养结合机构成为促进地方经济发展的推动力。

# 第五章　社会养老服务体系的优化路径

本章详细探讨了如何更好地发展社会养老服务体系，主要从养老服务的保障、养老体系建设动力、养老服务人才培育、养老方式优化环境、重点发展智慧养老几个方面对社会养老服务的途径进行了完善。

## 第一节　依据长期护理保险保障基本养老服务

保障基本养老服务是社会养老服务体系的重要任务。当前，中国正在大力推进基本养老服务体系建设。尽管学术界关于基本养老服务制度的核心内容——“服务谁、服务什么、谁来服务”仍然存在较大的分歧，[①] 但从官方文件精神和工作动向来看，中国基本养老服务制度的内涵和建设方向已经基本明确，建设基本养老服务制度已经成为中国养老服务体系建设的重点任务。长期护理保险制度可以成为基本养老服务制度的依托，长期护理保险制度面向老年人最基本的护理需求，可通过建立需求评估和服务清单等厘清基本养老服务范围和服务标准；长期护理保险制度以社会共济的方式分担参保人的护理费用，将大大降低服务使用门槛，扩大基本养老服务惠及范围；长期护理保险制度可降低养老服务供需均衡价格，从而大大提高养老服务供需均衡水平，促进养老服务业发展，为基本养老服务供给提供保障。

### 一、基本养老服务体系建设发展历程

在 2021 年 9 月召开的全国基本养老服务体系建设推进电视电话会议上，民政部领导对中国基本养老服务体系的内涵进行了清晰的阐述，回答了“服务谁、

① 胡宏伟，蒋浩琛．我国基本养老服务的概念阐析与政策意涵[J]. 社会政策研究，2021(4)：16-34.

服务什么、谁来服务”等关键问题。在“服务谁”的问题上，明确基本养老服务核心目的是从制度上保障全体老年人的基本生存发展权，保证全体老年人在享受基本养老服务上机会均等、规则公平；在“服务什么”的问题上，明确基本养老服务应当以满足失能照护需求为核心，以保障生活安全为底线并动态调整，避免老无所养、老无所依，防止出现冲击社会道德底线的现象；在“谁来服务”的问题上，明确基本养老服务应突出政府供给保障的主体地位并发挥市场、社会、家庭和老年人自身作用，通过政府主导、家庭尽责、市场和社会参与的有机统一，让所有老年人都能享受到基本的养老服务保障。从这个界定来看，中国基本养老服务体系的服务对象是全体老年人，服务范围是失能照护和生活安全等最基本的服务，而服务供给则需要整合社会各方力量，实现多元化。这一界定体现了基本养老服务体系的全覆盖、保基本、共建共享的建设思路，有利于统一对基本养老服务体系的认识，保证基本养老服务体系建设目标和方向的一致性。

近年来，基本养老服务体系建设已经成为中国养老服务体系建设的重要任务。首先，“人人享有基本养老服务”已经成为养老服务体系建设的重要目标。《关于加快发展养老服务业的若干意见》（国发〔2013〕35 号）明确提出了“坚持保障基本”的原则，提出“确保人人享有基本养老服务”。《国务院办公厅关于推进养老服务发展的意见》（国办发〔2019〕5 号）再次明确到 2022 年保障人人享有基本养老服务。其次，建立基本养老服务清单制度是今后一个时期的重点工作。《中共中央　国务院关于加强新时代老龄工作的意见》中明确提出“建立基本养老服务清单制度”，《“十四五”民政事业发展规划》（民法〔2021〕51 号）也提出“建立基本养老服务清单”。实际上，基本养老服务清单是基本养老服务体系的重要举措，即通过清单的方式将基本养老服务体系的服务对象、范围、标准、方式、责任等明确出来，使基本养老服务体系建设进一步落地，更具可操作性。近几年的政策文件特别强调建设基本养老服务清单制度，表明基本养老服务体系建设已经进入操作性阶段。最后，一些地方对建设基本养老服务体系进行了积极的探索。北京、山东、广州、安徽等地均出台了基本养老服务清单。在 2021 年 9 月召开的全国基本养老服务体系建设推进电视电话会议上，还重点推荐了广州的做法，被认为开拓性、精准性、可操作性、系统性特点突出。

## 二、基本养老服务体系的重要性

基本养老服务体系对社会养老服务体系具有十分重要的意义。一方面，基本养老服务体系是社会养老服务体系的基础。中国社会养老服务体系建设的根本出发点是满足老年人的养老服务需求，但老年人的养老需求具有多层次、多样性的特点，作为一个处于社会主义初级阶段的国家，基于未富先老的现实，必然要对老年人的养老需求进行识别，对老年人需求的轻重缓急加以区分，把满足老年人的最基本需求作为首要的任务。为实现这一点，就必须对老年人的基本需求进行界定、评估，确定相应的服务标准和服务供给方式、供给责任等，从而形成基本养老服务体系。另一方面，提供基本养老服务是社会养老服务体系得以发展的逻辑起点和客观依据。社会养老服务体系是养老事业和养老产业协调发展的体系，前者强调公益性，后者强调竞争性。从社会养老服务体系的发展历程看，一般是从养老事业向养老产业扩展，养老产业是养老事业发展到一定阶段的产物。社会养老服务体系建设一般首先关注养老服务体系的公益性问题，兜住底线；然后再关注养老服务供给的竞争性问题，实现规模扩大和品质提升。从性质上看，基本养老服务可以纳入养老事业的范畴，具有公益性的特征。从这个意义上说，社会养老服务体系建设正是从提供基本养老服务开始，然后才逐步向更高层次的养老服务延伸。同时，能够提供基本养老服务也是社会养老服务体系获得各项政策支持的依据所在。正是因为有了提供基本养老服务的功能，社会养老服务体系才具有了普遍的社会基础，对其建设的必要性和重要性形成了社会共识。基本养老服务制度把社会养老服务体系中的基本养老服务和非基本养老服务区分开来，有利于划清责任、明确政策重点，从而在更好保障基本养老服务的同时推动多层次社会养老服务体系的发展。

## 三、长期护理保险保障基本养老服务

世界卫生组织将长期护理定义为“由非正规照料者（家庭、朋友或邻居）和专业人员（卫生和社会服务）进行的照料活动体系，以保证那些不具备完全自我照料能力的人能继续得到其个人喜欢的以及较高的生活质量，获得最大可能的独立程度、自主、参与、个人满足及人格尊严”。长期护理保险是指为那些因老年、疾病或伤残导致丧失日常生活能力而需要被长期照顾的人提供护理费用或护理服务的保险。老年人是长期护理服务的主要使用者。建立长期护理保险制度，不仅是满足养老服务需求、应对人口老龄化的需要，也是促进养老服务业发展、实现经济结构转型升级的需要，更是加快社会建设、让社会发展成果更多更好地惠及全体人民的需要。

长期护理保险制度与基本养老服务保障有高度的内在一致性，完全可以依托长期护理保险制度来保障基本养老服务。在政策出发点上，基本养老服务体系和长期护理保险制度都是为了保障老年人的最基本需求。在民政部的定义里，基本养老服务是以满足失能照护需求为核心，以保障生活安全为底线。而长期护理保险制度建立的根本原因就是保障失能照护需求。显然，基本养老服务体系和长期护理保险制度在制度出发点上具有天然重合的部分，长期护理保险制度可以覆盖基本养老服务体系的核心内容，因而以长期护理保险制度为基础保障基本养老服务不仅具有可能性，而且具有必然性。在政策目标上，基本养老服务体系和长期护理保险制度都是以公平性为首要目标，遵循“全覆盖、保基本”的基本原则。在服务对象上，基本养老服务体系和长期护理保险制度最终服务的是具有特定需求的老年人。尽管基本养老服务体系和长期护理保险制度覆盖人群很广，但真正享受服务的都是具有特定需求，主要是失能照护需求的老年人。在服务标准上，基本养老服务体系和长期护理保险制度框架下提供的服务都是遵循一定的服务标准，不是完全按照服务对象的需求提供服务，而是将服务对象的需求与制度所确定的服务标准相对应，从而提供适度的标准化服务。在服务流程上，基本养老服务体系和长期护理保险制度都必须经过需求评估和识别环节，确定老年人需求是否属于制度保障范畴以及应该享受的服务类别和登记后才会提供相应的服务。由此可见，基本养老服务体系与长期护理保险制度具有高度的相似性和内在一致性，具备以长期护理保险制度保障基本养老服务的基本条件。

依托长期护理保险制度保障基本养老服务具有无可比拟的优势。一是长期护理保险制度面向老年人最基本的护理需求，可通过建立需求评估和服务清单等厘清基本养老服务范围和服务标准。长期护理保险制度设计的一个核心内容就是要确定保险给付的条件、标准和方式，因此必然需要确定什么样的服务才会发生保险给付、提供什么样的服务和以怎样的标准提供服务，这就要求建立老年人需求评估制度和服务清单。因而，只要基本养老服务的基本范畴确定了，就可以借助长期护理保险制度的需求评估系统对老年人进行需求评估，基于长期护理保险制度的服务清单制定基本养老服务清单。即便二者的服务范围有所不同，也可以通过挑选子清单或调整清单的方式大大减轻建立基本养老服务清单的工作量。

二是长期护理保险制度以社会共济的方式分担参保人的护理费用，将扩大基本养老服务惠及范围。由于受资金约束，基本养老服务体系的服务范围必然有所限制。长期护理保险制度由于通过分担的方式减轻了使用者的费用负担，可有效扩大受益人群。因此，在资金量定的情况下，如果能够把有限财政资金用于补贴老年人参保长期护理保险，则可以迅速扩大基本养老服务保障范围，惠及更多人群，达到四两拨千斤的效果。

三是长期护理保险制度可降低养老服务供需均衡价格，从而大大提高养老服务供需均衡水平，促进养老服务业发展，为基本养老服务供给提供保障。养老服务业的发展是社会养老服务体系得以发挥作用的前提和条件。在养老服务市场上，由于存在供给方相对高成本和需求方相对低购买能力之间的矛盾，因而会产生“低水平均衡陷阱”现象，即供需双方任何一方扩大养老服务规模的努力都会使市场萎缩。长期护理保险制度由于采取社会共济的方式，因而使用者的部分负担将由参保者分担，使用者只需要支付一个低于服务供给成本的价格就可以享受长期护理服务，客观上将降低养老服务市场均衡价格，解决高供给成本和低购买能力之间的内在矛盾，从而扩大服务利用规模，提高供需均衡水平，走出“低水平均衡陷阱”，促进养老服务业发展，进而推动社会养老服务体系的发展。

四是依托长期护理保险制度保障基本养老服务可以节省制度成本，提高政策有效性和资源配置效率。如果能够依托长期护理保险制度来保障基本养老服务，则不需要另外建立一套基本养老服务制度，只需要全心全意建设好长期护理保险制度。由于只建立一套制度，在很大程度上实现了资源共享，减少了两个制度之间的摩擦和沟通成本，毫无疑问将有利于实现政策成本下降与效率提升。

## 四、对长期护理保险制度模式的建议

### （一）长期护理保险制度需要具备的特征

根据长期护理保险制度实施的国际经验和中国社会保险制度的经验教训，中国长期护理保险制度应该是一个统一的、福利性、普惠性和强制性社会保障制度，为国民提供标准化的基本护理保障。具体来说，应该具备以下几个特征。

一是统一性。中国长期护理保险制度应该是全国统一性的制度，即在全国不分城乡、不分地区采用相同的制度框架。“碎片化”发展是中国社会保障制度发展的一大弊端，受到了人们的普遍指责，无论是养老保险，还是医疗保险制度，都存在人群分割、地区分割，使得制度并轨和整合已经成为当前社会保障制度改革的重要任务。长期护理保险制度作为一种新的社会保障制度，要避免出现养老保险、医疗保险发展过程中人群有别、先城后乡的情况，从制度建立之初就应该实施统一的制度，不走弯路。

二是福利性。中国长期护理保险制度必须具备一定的社会再分配性质，必须有部分资金来源于公共财政，承担长期护理保险中的托底功能。公共财政投入主要通过政府补贴的形式对部分低收入困难群体参保和使用服务进行补贴，确保低收入群体可参与到制度中来并确保他们有能力享受护理服务。对长期护理进行公共投入是发达国家的普遍做法，一些建立长期护理保险制度的国家大多在制度筹资机制中将公共投入作为重要资金来源，如日本长期护理保险制度中在使用者承担10%后，剩余部分由保费和“公费”各担50%。

三是普惠性。中国长期护理保险应该成为一项广覆盖的制度。广覆盖是养老、医疗等中国社会保障制度所追寻的目标，也应该成为长期护理保险制度的目标。长期护理保险制度建立后，作为一种基本的社会保障制度，应尽可能惠及全体人民。所有参保人员特别是老年人，只要经过需求评估符合长期护理保险支付条件都可纳入保险支付范围，尤其要把广大农村老年人纳入保障范围。

四是强制性。中国长期护理保险应该是一项要求符合条件的参保人必须参与的制度。强制性是大多数社会保险制度的基本特征，由于社会保险的再分配功能，容易出现逆向选择问题，即风险大的人倾向参加，而风险小的人倾向不参加，因此强制性往往成为保障社会保险制度顺利实施的条件。

五是保基本。中国长期护理保险制度应该覆盖最基本的护理服务。护理需求是一个多层次的需求，服务内容和水平可以有不同的标准。与已经建立长期护理保险制度的国家相比，中国目前还无力为全民提供一个较高水平的护理保障，不宜将护理服务的内容和水平设定过高，还是应该从实际出发，坚持低水平起步，在内容上可以限定一个基本护理服务范围，原则上以帮助服务利用人获得一定的独立、自主和生活质量改善为目标。日后随着社会经济发展水平逐渐提高，可再逐步提高长期护理服务的内容和标准。

六是标准化。中国长期护理保险制度必须建立一个标准化的服务提供体系。具体包括：首先，要建立标准化的需求评估和分级机制；其次，要对每个护理等级的服务内容和时间进行明确的规定；再次，对服务提供者的报酬和相应服务的价格也应有明确的规定；最后，对护理服务所涉及的相关产品范围和价格等也必须予以明确。标准化体系将使服务利用者、提供者对自己的权利和义务有明确的了解，有利于保证长期护理保险制度的顺利实施。

### （二）长期护理保险制度模式的选择

在长期护理保险制度模式选择中涉及几个关键问题：谁参与？钱从哪儿来？如何确定受益人？提供什么保障？这几个问题分别涉及制度的覆盖人群、筹资模式、需求评估和保险给付等方面的内容。下文也将从这几个方面阐述中国长期护理保险制度的模式选择问题。

一是覆盖人群。根据医疗保险覆盖范围确定长期护理保险制度的覆盖面是国际上的普遍做法。德国要求各类医疗保险的投保人都要参加护理保险，日本要求40岁以上的各类医疗保险必须参保护理保险，而韩国则要求20岁以上的国民医疗保险参保人皆为参保人。1998年发布的《国务院关于建立城镇职工基本医疗保险制度的决定》和2011年实施的《中华人民共和国社会保险法》（以下简称《社会保险法》）均没有明确规定城镇职工医疗保险的参保年龄，但是《社会保险法》明确规定“职工应当参加职工基本医疗保险，由用人单位和职工按照国家规定共同缴纳基本医疗保险费”。根据《中华人民共和国劳动法》的规定，最低合法劳动年龄为16周岁，因此实际上16周岁以上的职工都应该参加城镇职工医疗保险。2007年，国务院发布的《国务院关于开展城镇居民基本医疗保险试点的指导意见》

确定的居民基本医疗保险参保范围是：不属于城镇职工基本医疗保险制度覆盖范围的中小学阶段的学生（包括职业高中、中专、技校学生）、少年儿童和其他非从业城镇居民都可自愿参加城镇居民基本医疗保险。这一范围实际上是涵盖了城镇未参加职工基本医疗保险的所有居民，涉及各个年龄阶段。2003 年，由国务院办公厅转发的卫生部等部门制定的《关于建立新型农村合作医疗制度的意见》规定，农民以家庭为单位自愿参加新型农村合作医疗，实际上也是适合各个年龄的农村居民。

中国长期护理保险制度应该以各类医保参保人群作为长期护理保险制度的覆盖人群，即根据目前城镇职工医疗保险、城镇居民医疗保险和农村新型合作医疗保险的覆盖范围，将大部分在职人员和全部老年人纳入参保范围。在具体参保年龄上，考虑到护理需求更多发生在老年阶段，因此可以将参保范围界定为一定年龄以上的各类医疗保险参保人，可以考虑几种口径：①按照职工医疗保险的参保年龄，将参保年龄限定为 16 周岁以上。②借鉴韩国的做法，统一限定为 20 岁以上。③借鉴日本的做法，限定为 40 岁以上。考虑到中国未来老龄化速度较快导致护理需求增长迅速的现实情况，缴费年龄不宜过高，否则缴费率会较高，而在当前社会保障整体缴费负担较大的情况下，高缴费率显然不利于制度的发展，因此可以考虑对在职者采用 16 周岁或 20 周岁以上，无业人员则参保年龄可适当提高，同时对低收入群体的缴费进行财政补贴。

二是筹资机制。政府补贴、保险缴费和使用者负担共同成为护理保险制度的筹资来源，是其他国家在实施长期护理保险制度时通常采用的做法，如荷兰、日本、韩国等均采用了这种筹资模式。在不同国家的筹资机制安排中，政府补贴、保险缴费和使用者负担比例有所不同，德国政府补贴占 1/3 以上，日本约为 45%，韩国约为 20%。使用者负担一般不超过 20%，如日本使用者负担约 10%，韩国则机构服务使用者个人负担 20%，居家服务使用者个人负担 15%，但有不少研究认为韩国使用者的负担过重。[①]

目前，中国养老保险制度、医疗保险制度主要是以缴费为主要的资金来源，但也有一定的财政补贴机制，在此之外，保险无法涵盖的部分实际上也是由个人

① 出和晓子．日本护理保险制度研究——创立背景、改革过程和经验借鉴[D]．北京：中国人民大学，2009.

负担的，因此目前的社会保险制度本身就是由财政补贴、保险缴费和个人负担等多个来源构成。从某种意义上说，中国长期护理保险制度采用三源合一的筹资机制虽然借鉴了国外的实践经验，但实际上同时也是中国社会保障制度传统筹资机制的延续。

中国长期护理保险制度应该建立政府补贴、保险缴费和使用者负担的“三源合一”的筹资机制。考虑到长期护理保险的社会保险性质，保险缴费应该成为长期护理保险制度的主要资金来源，建议占比60%～70%，可由雇主缴费和个人缴费共同筹集，参考养老保险和医疗保险的做法，有单位就业人员缴费率略高，灵活就业人员和无业人员的缴费率适当降低，退休人员缴费可以由养老保险基金承担一部分。根据韩国的经验，使用者负担比例不宜过高，建议占比在20%以下，制度起步阶段可参考韩国的做法，机构服务使用者个人负担20%，居家服务使用者个人负担15%，体现出鼓励居家养老的政策导向。其余部分则由财政补贴负担，财政补贴重点用于补贴低收入群体的参保和服务使用。

三是需求评估。护理需求分级和评估制度是长期护理保险制度运行的关键一环，是确定保险给付的条件。所有实施长期护理保险制度的国家均建立了相应的需求分级和评估制度。例如，德国将长期护理需求分为三个等级，由德国医疗保险基金的医疗审查委员会组织评估；日本则分为七个等级，由地方护理认定审查委员会组织评估；韩国分为三个等级，由等级判定委员会组织评估。

中国目前并没有建成护理需求分级和评估制度，在建立长期护理保险制度的过程中，必须要建立这样的制度。出和晓子建议中国在创立护理保险制度的初期阶段，护理需求涵盖范围应采用结合韩国和日本制度的折中型方式，主要以韩国的制度为参考，而针对轻度人群，可以采取日本于2005年制度改革时提出的“重视预防型体系”中的护理预防给付服务的形式。[①] 从中国的实际情况看，这一建议是适当的。正如前文所述，中国长期护理保险制度是一个全国各地区统一的制度，因此建议在全国范围内采用统一的护理需求分级制度和评估标准，护理需求分级标准可借鉴日本和韩国的经验，宽严程度处于二者之间，护理需求可分为3～5级，具体的等级划分标准需根据自理能力而确定，而不限于某些特殊的疾病。

① 出和晓子．日本护理保险制度研究——创立背景、改革过程和经验借鉴[D].北京：中国人民大学，2009.

为了使护理需求分级更为科学，使长期护理保险制度具有更好的可持续性，建议在分级标准确定前，开展一次全国范围的人口自理状况调查，对各等级涵盖的人群做到心中有数。

在制定了统一的护理需求分级制度后，还需对护理需求进行评估，以便确定具体的护理级别。中国目前没有相应的机构可承担护理需求评估职责，可在地方（如县级）建立护理需求评估委员会组织实施。具体实施流程可设计为申请—初审—确定三个步骤。申请是指任何要获得长期护理保险给付的参保人在产生护理需求后应该向需求评估委员会提出申请，委员会接到申请后将指定护理需求评审员进行初审，对初审合格的申请人要求其到县级（含）以上医疗机构进行自理能力鉴定，需求评估委员会根据全国统一的标准和鉴定结果确定护理需求等级，并安排后续的保险给付。

四是保险给付。从其他国家长期护理保险的给付看，主要有实物支付、现金支付和混合支付。实物支付是指直接为受益人提供护理服务，现金支付是指为受益人支付现金，混合支付是指提供服务和支付现金相结合。为了保证受益人能合理使用护理服务，大多数国家不倾向直接向受益人支付现金，而是采用由护理机构或个人提供服务，护理保险向提供服务的机构和个人支付报酬的做法。但在一些特定的情况下，也采用现金支付。例如：荷兰的现金给付允许受益者用现金购买服务，但不限于健康护理提供者，其他愿意提供服务的朋友、邻居及亲属均可；韩国也设立了主要是鼓励家庭护理提供者的现金给付补贴。混合给付一般是在受益人既使用了正式护理服务，又使用了非正式服务时使用，在正式护理服务部分采用实物给付，在非正式护理服务部分采用现金给付。

中国长期护理保险制度也应该实施实物支付、现金支付和混合支付相结合的保险给付。实物支付可以结合中国以居家为基础、社会服务为依托、机构为支撑的养老服务体系特点，将实物支付分为居家服务、社区服务和机构服务三类。居家服务是指到利用者家里为其提供护理服务；社区服务是指在社区范围内的服务场所为利用者提供上门服务；机构服务是指为利用者提供入住护理机构的各项服务。严格确定机构服务利用的条件，并适当提高机构服务利用者的个人负担比例。同时，在长期护理保险制度中，应鼓励非正式的家庭护理服务，对这类服务可以采用现金支付。这一方面可以丰富护理服务的供给，另一方面也可节约护理资源（因为非正式服务的成本一般低于正式服务）。对于既使用正式护理服务，又使用非正式服务的利用者，可采用混合支付。三种给付方式在不同的场合下都可以发挥其优势，建议在长期护理保险制度中，根据不同的情况采用不同的给付方式，确保护理保险给付的效用最大化。

### （三）配套制度建设的选择

基于中国目前护理服务和养老服务体系的发展状况，要实施好长期护理保险制度，还必须进行一些配套的制度改革和建设。一是进行养老护理机构的分级与分类。实施长期护理保险制度后，要将养老机构作为实现机构护理的主要力量。为此，必须建立与长期护理保险制度发展相适应的机构服务供给结构。首先，必须对现有的养老机构功能进行调整，推动大部分养老机构实现医养结合，向护理型的养老机构转变。其次，要建立一批专业性的护理机构，实现养老机构的功能性分类和层次性分级，即不同的养老机构具备提供不同等级护理服务的能力，实现服务的专业化和层次性。如日本长期护理保险制度中，将机构服务分为护理老人福祉设施、护理老人保健设施、护理疗养型医疗机构三类。二是制定护理服务标准。护理服务标准包括服务提供标准和费用标准两类。服务提供标准是指长期护理保险制度中需要对不同等级的服务给付确定相应的时间标准（服务几小时）、内容标准（服务什么）、水平标准（怎样服务）。费用标准是指提供某一内容、某一水平服务单位时间内应支付的服务费用。制定护理服务标准的目的是将护理服务标准化，保险受益人可根据评估结果事先了解自己可得到怎样的服务给付，而服务提供者则可事先了解自己应该提供怎样的服务，以及提供该服务可以得到怎样的报偿。三是制定护理产品目录。长期护理保险服务给付包含一些护理产品的使用。在长期护理保险制度使用过程中，应该通过制定护理产品目录的形式明确服务给付包含哪些护理用品，每类用品允许使用哪些品牌的产品、价格几何如何、如何分担等。护理产品目录有利于护理利用者和提供者选用合适的护理产品，引导合理利用护理资源。

## 第二节 以供给侧结构性改革推动养老体系发展

### 一、养老服务供给侧存在的问题

养老服务供给侧的根本问题在于无法提供足够的有效供给以满足老年人的养老需求。这有两方面的原因，一方面是总体供给能力不足；另一方面是供给结构失衡。

一是总体供给能力不足，是指供小于需，具体表现为众多的老年人有养老服务需求，却无法获得相应的养老服务。供给能力不足与快速的社会转型有关。长期以来，中国老年人的养老主要由家庭成员来提供服务，但是随着人口老龄化、少子高龄化和家庭小型化的发展，家庭提供养老服务（主要是生活照料）的能力显著下降，老年人的社会养老服务需求快速增长。在此情况下，整个社会还处于路径依赖之中，并未为这种转变做好准备，没有及时建立社会化养老服务供给体系以弥补家庭养老能力的不足，从而无法满足老年人不断增长的养老服务需求。养老服务供给总量不足的结果是，尽管中国老年人口众多，潜在需求巨大，但由于部分需求无法得到满足，养老服务市场规模仍然相对较小。

二是供给结构失衡，主要表现在供给错位，具体表现为供给结构与需求结构脱节，存在大量无效供给，养老服务的实际使用率较低。简单来看，由于整体上存在总量不足，如果结构合理，养老服务应该使用率较高，但实际情况却并非如此。从机构养老床位和居家养老服务来看，养老服务利用率低是一个普遍的现象。

养老服务实际利用率低很大程度上是因为养老服务供给的结构性问题十分突出。以养老机构床位数的供给为例，表现为护理型床位缺口较大。在各地养老机构的发展进程中，率先发展的普通床位、护理型养老床位的配置近年来才得到重视，因此护理型养老床位普遍存在缺口。同时，公办养老院和民营养老院的价格扭曲也导致条件较好的公办养老院“一床难求”，而民营养老院出现床位空置率高的情况。当然，养老服务利用率低的其他原因可能还包括养老服务质量不高，老年人支付能力弱，购买养老服务的习惯还没有养成等。有研究显示，当前养老服务递送环节也存在一定的问题，进而影响了供给与利用的差距。[1]养老服务供给的结构性问题导致有限的资源被大量闲置，未能很好地发挥效用，进行结构性改革势在必行。

## 二、养老服务供给侧结构性改革

### （一）供给侧结构性改革简述

进行供给侧结构性改革是中国当前经济改革的一项重要内容，是贯穿整个社会经济生活的一项改革。供给侧结构性改革就是从提高供给质量出发，用改革的办法推进结构调整，矫正要素配置扭曲，扩大有效供给，提高供给结构对需求变化的适应性和灵活性，提高全要素生产率，更好满足广大人民群众的需要，促进经济社会持续健康发展。推进供给侧结构性改革主要是抓好去产能、去库存、去杠杆、降成本、补短板五大重点任务。完成好五大重点任务要做好“加减乘除”。五大重点任务是一个系统设计，要着力在“优化存量、引导增量、主动减量”上下功夫。

### （二）养老服务供给侧结构性改革的重点

与整体供给侧结构性改革的重点任务相对照，养老服务供给侧结构性改革的重点任务也可基本明确。从养老服务供给目前的情况看，养老服务领域高杠杆的问题不大突出，产能即供给能力的问题性质也有所不同，其他三项任务与总体供给侧结构性改革的任务基本一致，因此当前养老服务供给侧结构性改革的重点任务是促增长、去空置、降成本和补短板四项。

一是促增长，是指养老服务仍然面临总量不足的问题，要采取切实措施促进养老服务供给总量的增长。促增长应该是促进养老服务的全方位增长，从养老机构到居家养老服务，从生活服务到医疗护理、精神慰藉，从行业产值、从业人员到服务项目，从城镇到农村，都要实现有效的增长和提高。促增长应该是促进养老服务实现有质量的增长，即增长不仅意味着服务数量的增加，同时意味着服务质量的提高。要实现养老服务向标准化、多样化发展，增加老年人对养老服务的

①陈岩燕，陈虹霖．需求与使用的悬殊：对社区居家养老服务递送的反思[J]．浙江学刊，2017（2）：30-37.

可选择性。促增长还应该是促进有效率的增长。要提高养老服务设施和服务的利用率，提高资源的使用效率。促增长还应该是促进养老服务的包容性增长。要加强养老服务供给的统筹规划，增加养老服务供给的公平性，努力提升养老服务的可获得性，使各类人群均可获得合适的养老服务。促增长是一个典型的“加法”，但并不是一个简单的加法，具体“加”在哪里，如何去“加”，还是一个必须认真对待的问题。

二是去空置，是指要尽快解决部分养老服务设施利用率不高、部分养老机构床位空置率高的问题。去空置的关键在于要弄清楚当前设施利用率不高、床位空置率高的原因，做到具体情况具体分析，研究提升利用率的办法。从当前养老服务总体不足的情况下，可以基本判断去空置存在基本的前提和条件，利用率低、空置率高主要是结构上的问题，如果从调整结构上下功夫，去空置是可能的。应该说，如果是局部地区、少数机构出现利用率低、空置率高的问题，可以判断是局部的、少数的特殊情况，但当前的问题显然并非如此。因此，大体可以推断，当前资源配置的机制和相关政策出现了问题，去空置的重点就是要纠正这些造成资源配置效率低下的政策和机制，引导新的资源配置向老年人最需要的服务流动，同时还要尽快对现有资源进行重新配置，以提高效率。去空置看似是一个“减法”问题，但实质上并不完全是一个“减法”，倒更像是一个“乘法”，要利用资源配置效率提升的乘数效应，扩大养老服务的有效供给。

三是降成本，是指要采取一系列政策措施来降低养老服务的供给成本，降低养老服务供求均衡价格，从而提高养老服务供求均衡水平。在养老服务的需求侧，目前总体上老年人的收入普遍偏低，支付能力有限。而在供给侧，养老服务是一项需要大量人力和具有一定专业性和技术性的社会服务，供给成本相对较高。因此，在供给和需求之间就形成了一对矛盾关系，即供给方的高成本与需求方的低支付能力之间的矛盾。降成本是解决这一矛盾的重要路径之一。在供给侧，可以通过政策支持建立多层次的促进成本下降的政策体系，实现养老服务供给成本的下降。降成本既要降低交易成本，也要降低直接成本。在降低交易成本方面，要大力简政放权，并建立供需之间的信息交流机制以搭建起供需双方之间的桥梁；在降低直接成本方面，可以采用一些优惠和减免税费的措施。除此之外，也要引导养老服务企业提高管理和服务效率，加强内部成本控制。整个养老服务行业的成本下降最终还要依赖行业规模的扩大，充分发挥竞争机制和规模效应，以竞争推动企业效率提高，以规模效应带动成本下降。降成本做的是“减法”，但对养老服务供给而言，则会是一个“乘法”，成本的降低会有力拉升养老服务供需的均衡水平。

四是补短板，是指要抓住当前养老服务供给中的薄弱环节，重点着力，改善养老服务的供给结构。当前养老服务供给的短板主要表现在几个方面。首先，从服务形式看，短板在居家养老服务。长期以来，养老服务的政策重心在发展机构养老，尽管近年来政府出台了一些推进居家养老服务的政策和措施，但总体上居家养老服务还处于起步阶段，大多数社区缺乏居家养老服务。其次，从服务内容看，短板在专业性的护理服务。中国的养老服务是从一般性的养老服务发展起来的，专业的护理服务发展严重滞后，而不能自理的老年人的养老服务需求具有刚性特征，这个短板严重影响了老年人的生活质量。再次，从区域来看，农村是明显的短板。与中国城乡二元经济结构相一致，中国养老服务供给也存在典型二元特征。养老服务供给长期以城镇老年人为主要对象，针对广大农村地区的社会养老服务几乎为空白。最后，从服务层次看，短板在针对中间层的养老服务。养老服务发展是从保基本开始的，首先针对的是社会救助对象，因此对社会救助对象的养老服务尽管水平较低，但有相应的保障机制，在市场化改革以后，针对高收入群体的养老服务因目标客户的购买力较强，也获得了一定的发展，最薄弱的是中间层，陷入了“低水平均衡陷阱”，供需双方均有诸多抱怨。补短板的重点应在于在资源配置和政策支持上向薄弱环节倾斜。根据木桶理论，补齐短板，可实现容量的大幅增加，实现用“加法”达到“乘法”的效果。

同样，养老服务供给侧结构性改革的几大任务也是一个系统设计，需要相互配合、相互协调，优化存量、引导增量，切实提高养老服务供给质量和供给效率，扩大有效供给，更好地满足老年人的养老服务需求。

## 三、养老服务供给侧结构性改革的政策思路

养老服务供给侧结构性改革的基本思路应该是通过一系列针对性的改革，充分调动各种社会资源参与养老服务供给，实现养老服务量的增长和质的提升，真正形成“居家社区机构相协调、医养康养相结合”的社会养老服务体系，更好地

满足养老服务需求，使老年人获得适合自己的养老服务。要实现这一点，当前还需要在以下几个方面重点推进。

一是充分调动社会各方积极性，实现供给主体多元化。要实现养老服务量的增长和质的提升，必须让更多的人参与养老服务供给。为此，首先，要继续巩固家庭在养老服务中的传统地位，引导家庭成员尽可能履行养老义务，但随着社会的变迁，家庭提供养老服务的人手不足、精力不济是一个必须直面的问题，因此必须采取一些鼓励性的措施，在休假、个人收入所得税、未来可能征收的房产税等方面做出一些制度性安排。其次，要继续发挥政府在养老服务供给中的基础性作用。无论从历史来看，还是从现实来看，政府是中国养老服务供给的基础力量。当前，迫切需要提高的是政府供给养老服务的效率。要尽快明确政府应提供的基本养老服务内容，并不断创新服务提供方式，提高公共资源的养老服务效率。再次，要继续优化养老服务的投资环境，充分调动社会资本参与养老服务供给。当前大力倡导的PPP模式是一种合适的模式，但并不是唯一的模式。当前的重点还是应该大力推动简政放权，在土地、融资等方面继续为养老服务企业创造良好的条件。最后，要继续推动志愿服务发展，让志愿服务成为养老服务的重要来源。可通过学分、时间银行等激励性措施引导大中小学生、低龄老年人等群体参与志愿服务来增加养老服务供给。

二是充分发挥市场作用，实现供给机制市场化。中共十八届三中全会提出，要使市场在资源配置中起决定性作用。养老服务供给也是一个资源配置的过程，同样应该充分发挥市场机制的作用，使市场在资源配置中起决定性作用。市场机制的作用应体现为养老服务的供给数量和价格逐渐为市场所确定。充分发挥市场机制作用，正确区分政府和市场边界十分重要。在养老服务供给中，政府的基本职责应包括维护市场环境，制定规划引导行业发展，建设基本养老服务设施，履行基本养老服务职责等。除这些方面之外，要充分发挥市场机制作用，政府不宜过多干预，即便是对政府负有提供义务的基本养老服务，政府也不一定要成为一个直接的提供者，也可以充分利用市场机制，如各地普遍采纳的政府购买服务。一个反例则是当前“一床难求”的部分城镇公办养老机构。之所以会出现“一床难求”的局面，是因为其性价比较高，换句话说，是因为其偏离了市场机制。这类机构的不合理之处在于，如果属于保基本的性质，服务水平明显超标；如果根据社会养老服务水平判断，费用明显偏低。如果要引入市场机制，显然除基本保障对象之外，入住这类机构的费用应该大幅提高。

三是大力发展社区服务，实现供给方式便利化。社区服务在整个养老服务体系中居于中心地位，影响着居家养老质量和机构养老需求。中国国情决定了绝大多数老年人要居家养老，要依赖社区养老服务。社区养老服务的发展，可增加养老服务的便利性和可获得性。在社区养老服务发展中，首先，各级政府要做到职责明确、责任到位，各有关职能部门要各司其职、齐抓共管。其次，要积极推进社区养老服务机构和设施的规范化建设。根据中国国情和老年人的现实需要，社区养老服务应该能够涵盖生活照料、医疗康复、中介等方面的服务。应在城乡社区开展标准化的养老服务机构和设施建设，使其涵盖以上三项功能。最后，要在对养老服务业整体支持政策的基础上，进一步加大对社区养老服务业的支持力度，在税费优惠、补贴支持等方面对社区养老服务业发展有更为明确的支持措施。

四是创新养老服务技术，实现供给手段多样化。“完成这些重点任务，本质上是一次重大的创新实践，只有进行顶层设计创新、体制机制创新，不失时机地进行技术创新，才可能有效推动这次重大的结构性改革。”[①] 也就是说，创新是供给侧结构性改革成功的基本保证。在养老服务的供给侧结构性改革中，也必须重视创新，把创新作为推动供给侧结构性改革的基本力量。在养老服务供给创新中，要特别重视养老服务技术的创新，要不断推动新技术在养老服务中的应用。近年来，智慧养老已经成为养老服务领域的一项热点内容，指利用先进的信息技术手段，面向居家老人开展物联化、互联化、智能化的养老服务。其核心在于应用先进的管理和信息技术将老人与政府、社区、医疗机构、医护人员等紧密联系起来。从政策层面，应积极推动智能养老技术的试点和示范，通过试点示范推动相关技术的进步与应用，进而带动服务质量提升和服务成本下降，并推动养老服务供给手段的丰富和升级。

五是调整养老机构功能，实现供给内容专业化。要解决养老服务供给的结构性矛盾，调整养老机构功能势在必行。养老机构功能调整的方向应该是主要提供专业性的护理服务，而非只是提供一般性的养老服务。养老机构功能调整实质上

① 龚雯，许志峰，王珂．七问供给侧结构性改革——权威人士谈当前经济怎么看怎么干[J]. 青海国土经略，2016（1）：25-28.

是养老机构供给结构的调整。对现有养老机构，首先要推进养老机构向医养结合转型。“养”是养老机构发挥功能的基础，“医”是养老机构发挥功能的保障。医养结合是养老机构全面发挥功能的必然要求。但需要指出的是，医养结合的目的是增加养老机构的医疗便利性，提高入住机构的老年人的医疗服务可获得性。医养结合并不一定要在养老机构内兴办医疗机构，也不是要在医疗机构内兴办养老机构，而是要加强两类机构的合作，优化养老机构功能。其次，要推动现有养老机构向护理型机构转型。基于资源有限和传统的居家养老习惯，护理型床位应占养老机构床位的主要部分。特别是公办养老机构，更应将有限的公共资源集中用于对最需要养老服务的人群——失能老人的兜底，护理型的床位比例应该更高。护理型床位应有不同的等级，在功能和层次上有所差异，以满足不同护理需求。对未来新建的养老机构应重点鼓励向专业性方向发展，在养老机构的建设和运营补贴政策上应以专业性养老机构为主。

六是加强发展规划指导和标准建设，引导养老产业发展有序化。首先，通过制定产业发展规划，明确产业发展目标。养老产业发展的最终目的应该是满足老年人多层次、多样化需求。为此，必须根据社会经济发展状况和老年人需求的变化制定产业发展的阶段性目标，明确每一个阶段养老服务供给的任务和保障措施。当前，中国正处于社会转型和经济结构升级的关键时期，社会经济形势发展变化较快，与此同时，老年人口规模持续扩大，高龄比例不断升高，老年人的需求也在不断变化之中。充分研究各种变化趋势，制定出科学合理、可行的产业发展目标，并努力保障其实施是推动产业健康、持续发展的关键。可制定专项的养老产业发展规划，确定合理的发展目标和强有力的保障措施，使整个产业处于目标引导、有序发展、保障供给的良性发展之中。其次，颁布产业发展行业标准。行业标准是养老产业走向规范化和标准化的基础。行业标准可对养老产业中一些技术性较强、程序性要求较高的服务项目和服务技术出台统一的规定，在全行业范围内推广施行。这一方面可通过所有相关服务符合行业标准来提高产品和服务质量，另一方面也可以行业标准为参照来加强对产品和服务的监管。养老产业涉及的领域较多，管理也存在政出多门、标准不一的情况，出台行业标准有利于规范整个行业的发展秩序，保障养老服务产业健康有序发展。

# 第三节　加快职业教育养老服务人才培养

## 一、我国养老护理从业人员的人才培养现状及建议

老龄化形势日趋严峻是当前我国面临的重大社会问题，无论是政府、社会、家庭、个人都面临着巨大的养老压力，所以目前养老问题不但是社会热点问题，也是社会各界普遍关注的焦点问题。教育部等九部门关于加快推进养老服务业人才培养的意见中曾指出要加快发展养老服务业是应对人口老龄化、保障和改善民生的重要举措，对促进社会和谐、推动经济社会持续健康发展具有重要意义。养老护理从业人员的匮乏、职业技能低下和自身素质的不足，已经严重影响了老人的居住安全和生活质量，制约了我国养老产业的可持续发展。所以，为解决老龄化所带来的一系列衍生社会问题，为适应养老服务业快速发展的需求，为满足老年人日益增长的多元化、高品质的服务需求，应严格按照教育部的人才培养意见，大力发展养老服务相关专业，不断扩大人才培养规模，加强养老服务相关专业建设，加快建立养老服务人才培养培训体系，全面提高养老服务业人才培养质量。

在我国，养老服务是指为老年人提供必要的生活照料、辅助护理，从而满足其物质生活和精神生活的基本需求的过程。养老服务人员主要是指为老年人提供“养老服务”的一线实践人员，包括从事养老的护理人员、康复人员、心理咨询人员、营养提供及保障人员等。在养老服务人员中，养老护理从业人员占主体地位，大部分的养老服务内容是由他们提供的，因此养老护理从业人员是保证老人得到高质量养老服务的关键因素，发展养老事业必先建立健全养老护理从业人员的人才教育培养体系。目前我国养老护理从业人员主要来源于两大类——养老护士和养老护理员，所以我国养老服务人员的教育培养体系建设包括养老护士教育和养老护理员培训两个部分。

### （一）养老护士的人才培养现状

根据我国《护士条例》第二条规定，护士“是指经执业注册取得护士执业证书，依照本条例规定从事护理活动，履行保护生命、减轻痛苦、增进健康职责的卫生技术人员”。本条例第七条明确规定：“护士执业，应当经执业注册取得护士

执业证书。申请护士执业注册，应当具备下列条件：具有完全民事行为能力；在中等职业学校、高等学校完成国务院教育主管部门和国务院卫生主管部门规定的普通全日制3年以上的护理、助产专业课程学习，包括在教学、综合医院完成8个月以上护理临床实习，并取得相应学历证书；通过国务院卫生主管部门组织的护士执业资格考试；符合国务院卫生主管部门规定的健康标准。”这是我国对护士执业的法定要求，而对于从事老年人护理照顾的护士并未有相关具体要求。所以从事老年护理的养老护士，按照上述描述，是指完成护理或老年护理专业3年及以上的学习，获得专科及以上毕业证书，通过全国护士执业资格考试经执业注册取得护士执业证书，主要从事高级、专业性老年护理工作的人员。

我国养老护理事业起步于20世纪70年代末，老年护理教育作为一门新兴的学科，发展较为滞后，在20世纪90年代之前，老年护理教育几乎是一片空白。1994年，我国卫生部对医院类院校护理专业课程进行结构调整，首次提出在护理教学中增设老年护理课程。该要求提出后，1998年该课程才在原华西医科大学等几所高校开设，其后随着2000年《老年护理学》本科教材的正式出版，该课程才逐渐在其他医学类院校护理专业中广泛开设。2006年全国老龄委办公室、民政部等10部门联合出台《关于加快发展养老服务业的意见》中指出：“加快培养老年医学、管理学、护理学、营养学以及心理学等方面的专业人才，提高社区及农村基层卫生技术人员的专业素质。有计划地在高等院校和中等职业学校增设养老服务相关专业和课程，改革教学内容和教学方法。”这一政策出台前后，中国人民大学、北京大学、中国社会科学院、北京市社会科学院等国家重点院校和研究机构先后开设了老年学的相关专业。2007年湖南岳阳职业技术学院等院校开始招收老年护理专业方向学生。2010年《中等职业学校专业新目录》首次将老年护理作为一个专业方向规定下来；同年天津中医药大学首次招收本科层次的老年护理专业方向学生。目前，我国老年服务人才培养主要集中在中、高等职业院校，开设专业主要有老年服务与管理、护理、家政服务、社区康复等4个专业，本科和研究生层次均未设养老服务与管理专业，主要以专业方向形式进行高层次的人才培养。而在所开办的相关专业中，养老服务人才培养主要集中在养老护理专业人才培养，护理研究生教育中已经设立了老年护理研究方向，少数护理院校目前正酝酿开设老年护理专业。

### （二）养老护士人才培养存在的问题

与迫切的养老服务需求相比，目前我国老年护理学科的设立与老年护理专业人员的培养严重滞后，难以适应养老服务业的发展需要。而且，除了开设院校数量少、人才培养规模小、高层次人才培养缺乏，我国老年护理人才培养还存在以下问题。

1．人才培养目标模糊宽泛

市场人才需求决定着人才培养方向，人才培养方向又影响人才培养目标的制定。由于我国养老事业起步晚，养老行业在国内尚属于新兴产业，与之对应的社会需求、发展前景、行业方向等均不清晰，加之学者相关领域研究又少，导致各院校在制定人才培养目标时缺乏对市场人才需求的类型及层次的有效分析，为能够更好地就业，专业发展方向过于全面、专业定位过于模糊、就业方向过于宽泛、专业技能过于普适，未能形成人才培养的核心理念。

2．课程设置缺乏规范

规范的课程体系是实现人才培养目标的重要保障。我国养老护理专业起步晚，发展缓慢，目前国内该方面人才培养尚没有统一的课程规划，各院校通常是依托于事先制定的人才培养目标，结合自己的办学优势、办学特色、办学条件等进行设置，因此各院校的课程设置甚至核心课程的设置都五花八门，缺乏系统性、规范性。很多学校由于受限于教材、师资等方面，一些非常必要的社会工作、社会养老保障、社会学、心理学等方面的课程设置较少甚至不设置，实践教学环节缺乏且学时较少，不利于老年护理专业的发展。

3．专业教材匮乏

由于专业发展较新，国内目前还没有专用规划教材，由于很多院校在专业设置上依附于临床或护理专业，所以目前很多学校的教师在实际教学过程中，一般多借用医学类教材，而社会工作、社会养老保障、社会学、心理学、伦理学等方面参考教材较少，教师多采用自编教材，这导致教师授课缺乏指导，教学随意性大，教学效果差，难以实现教学目标和人才培养目标。养老护理专业相关教材的缺乏已俨然成为制约专业发展的“瓶颈”，尤其制约了高层次护理人才的培养。

4．师资力量严重不足

由于我国养老护理专业发展时间晚，高学历层次人才培养匮乏，养老护理专业课程教学多由护理专业或其他学科的教师兼顾完成，高职、中专院校师资主要以本科及以下学历为主，缺乏专业知识和实际工作经验。因为缺乏实践教学的教师，所以多由机构一线工作人员兼任，受文化水平和素质的局限，缺乏系统、规范的教学设计，实践教学内容片面、不完整。养老护理师资力量的不足导致专业人才的培养与实际社会需求之间脱节，难以达到人才培养要求。

### （三）养老护理员的人才培养现状

养老护理员一直存在于我国医院、养老机构等养老场所，但并未形成正式的职业。直到 2002 年，劳动和社会保障部在印发第三批国家职业标准的通知中，在第三批国家职业标准目录中首次将“养老护理员”作为一种职业确立下来，并明确规定了该职业的“工作内容、知识水平、技能要求和活动范围”等方面。2005 年出版的《中华人民共和国职业分类大典（2005 增补本）》中补充了“养老护理员”。2019 年人力资源和社会保障部、民政部联合颁布了《养老护理员国家职业技能标准（2019 年版）》中养老护理员是指，对老年人生活进行照料、护理的服务人员。本职业从低到高共设五个等级，分别为：初级（国家职业资格五级）、中级（国家职业资格四级）、高级（国家职业资格三级）、技师（国家职业资格二级）、高级技师（国家职业资格一级）。

国家职业技能标准要求养老护理人员具有一定的学习和计算能力。申请养老护理员相关资格需要具备职业道德和基础知识，其中基础知识包括：老年护理基础知识、安全卫生知识、安全保护知识、养老护理员职业工作须知、服务礼仪和个人防护知识，相关法律、法规知识。职业标准中对养老护理员的培训师资进行了规定：培训初级养老护理员的教师应具有本职业高级职业资格证书或相关专业中级以上专业技术职务任职资格；培训中级、高级养老护理员的教师应具有本职业技师职业资格证书或相关专业高级以上专业技术职务任职资格；培训养老护理员技师的教师应具有本职业技师职业资格证书 3 年以上或相关专业高级专业技术职务任职资格 3 年以上。

我国养老护理员的培训鉴定机构的确立是由民政部发布的《关于加强民政行业职业技能鉴定培训基地建设的通知要求》规定的，由设有该相关专业的高等院校、职业技术学院、中专学校或其他教育培训机构、民政科研机构等向民政部申请，予以批准后具有养老护理员的职业技能鉴定培训资格，其后定期接受民政部职业技能鉴定指导中心和各省民政厅局的监督。通知要求民政行业职业技能鉴定培训基地应当具备以下条件：①具有独立的法人资格；②具有与所培训职业及其等级相适应的培训场地和设备设施；③拥有专职的培训管理人员和符合资质的专（兼）职培训教师；④具有较完善的培训发展计划和健全的行政管理、教学管理、学员管理等规章制度；⑤具有健全的财务制度并有充足的经费保证。

**（四）养老护理员人才培养存在的问题**

养老护理员的存在虽然是随医院、养老机构等的产生而产生的，但养老护理员一直以来都是作为一般家政服务劳动者而存在的。近年来，随着老龄化社会问题的日趋严峻，养老护理员作为一种职业被确立后，养老护理员以及养老护理员的职业培训才引起社会各界的关注和重视。我国养老护理员的人才培养采用的是非学历教育，主要以机构培训为主，而且机构培训目前也以政府进行的岗前培训、在职培训、晋级培训为主。我国养老护理员的人才培养处于刚起步的阶段，仍然存在很多问题，主要表现在以下几个方面。

1．政策、规章制度不健全

目前我国出台了多部与养老、养老护理以及养老护理培训有关的法律法规，这些规范对养老护理员教育培训规范、行业监督、机构养老护理员就业准入制度等尚无强制性规定。国家法律法规的不完善甚至缺失，造成养老护理员培训难以真正市场化、社会化，所以目前我国养老护理员的培训主要以政府培训为主，专业养老护理培训机构缺乏，用人机构和养老护理员对职业技能培训缺乏积极性，养老护理员持证上岗率低等问题还难以解决。政策、规章制度的不健全导致我国养老护理教育制度不完善，还未建立专业化的养老护理教育培训体系以及考核评价体系。

2．职业培训体系不完善

由于我国的政治、经济、文化等因素的影响，我国养老教育培训起步晚、基础薄弱，尤其是养老护理员培训体系的建立，是从民政部对养老护理员这一职业进行定义后才逐步开始的，因此我国养老护理员教育培训工作开展时间尚短，还处在起步阶段，尚未建立起完善的职业培训体系。具体表现在以下几个方面：

①培训模式单一，培训形式主要以政府组织的晋级培训为主，养老机构组织的短期岗前或在职培训为辅，所以培训的市场化和专业化程度较低，严重制约了行业发展。②培训师资缺乏。我国老年护理教育体系建设起步晚、发展缓慢，高层次人才培养缺乏，导致我国养老护理教育缺乏师资，尤其是缺乏具有实践操作培训指导能力的高级别养老护理员，难以满足人才培养要求。③培训内容简单，课程设置不合理。由于培训时间短、师资力量缺乏，养老护理员培训多集中在基础生活照料和基础护理服务，缺乏对老年人心理、老年功能康复、终末期老年人临终照护、职业道德教育等深层次高端护理内容的培训，且除了养老护理员晋级培训外，没有形成分层培训，难以满足老年护理岗位和老年人的需求。

### （五）完善养老护理服务人才培养的建议

#### 1. 加强政策保障

老龄化问题是一个社会化民生问题，政府有责任、有义务做好相关统筹工作，提供有力的政策保障。首先，由国务院牵头成立教育、人社、民政、卫健委、老龄委等多部门联合工作小组，结合我国老龄事业的发展规律、老龄产业的发展需求及人才培养规律，负责研究制定老年护理人才发展规划、人才专业化建设、职业晋升机制、招生就业扶持等一系列法律、政策文件，并做好政策执行的统筹、监督工作，加强人才培养的顶层设计。其次，加大财政投入，建立人才培养专项经费，保障持续、稳定的财政投入，主要用于养老服务专业建设、基地建设、师资培养、教学科研改革、学生奖助、就业、从业人员培训、薪酬福利提高及表彰奖励等各方面。

#### 2. 健全人才培养体系

完善的人才培养体系是培养老年护理人才的前提。由于我国养老护理人才包括养老护士和养老护理员，而且养老护理员承担了绝大多数照护工作，所以我国应加快建立以职业教育为主体，应用型本科和研究生教育层次相互衔接，学历教育和职业培训并重的养老服务人才培养培训体系。教育部门和各高校应加快建立涵盖高职、专科、本科、研究生培养的层次齐全、相互衔接的老年护理教育，积极提升培养层次，加快高端人才培养。建立独立的护理员培训机构或依托地方高校按照国家养老护理员职业标准，建立养老护理员分层职业培训体系，加速普及老年护理员持证上岗，加快建立初级、中级、高级、技师级多层次老年护理员人才队伍建设。结合养老护理从业人员学历、职业资格级别、工作年限、岗位职责、岗位需求等因素，建立常态化的在职培训模式，制订培训计划，分期分批地进行在职培训，增强老年护理从业人员的岗位胜任力，从而提升服务人员的素质、服务质量和服务水平。

3. 规范人才培养体系

规范的人才培养体系是保证老年护理人才教育顺利开展的关键。人才培养的规范性具体体现在以下 3 个方面。

（1）完善人才培养方案

国家教育主管部门应组织各相关机构专家讨论和制定切实可行的、全国统一的不同层次老年护理服务人员的培养目标和能力要求，形成核心的人才培养理念。各高校、教育培训机构应在此基础上，从整个老龄产业的发展、涉老机构的实际人才需求、老年护理岗位的能力需要、老年护理人员的个人发展，以及教育培训机构的实际情况和人才培养特色等角度，确定老年护理教育培训的培养目标和人才培养规格，制订符合实际、切实可行的人才培养方案。

（2）优化课程设置

老年护理人才的功能定位是面向社区、家庭及各种养老机构提供生活照料、基础医疗护理、功能训练、健康指导、康复护理和心理护理等一系列综合性的健康服务。老年护理教育培训的课程应该以老年护理服务岗位职业能力为导向进行设置，紧密结合护理岗位需求、人才培养目标和执业资格考试要求，构建融合老年医学护理课程、临床护理专业课程、康复护理专业课程、人文学科课程等为一体的综合型老年护理人才的课程体系框架，具体应该包括职业核心课程、职业素质课程、职业发展课程三个部分。职业核心课程主要包括老龄化的基本理论、老年人照料基本技能、老年人常见疾病的护理、老年人常用康复方法、老年保健与健康评估技术和方法等；职业素质课程包括老年护理心理学、老年护理伦理学、老年人群的健康教育与沟通技巧、与老年健康相关的政策及法规等；职业发展课程包括老龄产业经营与管理、老年活动策划、养老机构评估标准及评估实施等。

（3）加快师资队伍建设

老年护理教育培训的师资水平高低直接关系到老年护理教育质量的好坏。所以，首先我国应该加快老年护理教育的高层次人才培养，尤其是相关硕士和博士生以及高级和技师级老年护理员的培养，分期分批地选派符合条件的教师继续高层次学习和深造、出国留学，为我国高等院校、培训机构培养一批专业顶尖人才，以带动学科发展。建立校企合作，与养老服务机构签订协议，尤其是选派较高学历的一线从业人员参加高校继续教育课程，通过规范的专业学习，获得实习带教资格及培训所在机构从业人员的能力。

4．健全职业保障体系

健全的职业保障体系是提高老年护理从业人员职业归属感和满意度，促使其安心从业的直接条件。涉老机构应当积极改善养老护理从业人员的工作条件，加强职业防护和劳动保护，依法为其缴纳医疗、养老、工伤等社会保险费，提高工资福利待遇水平，制定与薪酬相挂钩的职业资格、注册考核办法，保障继续教育培训机会，科学设置专业技术岗位，不断健全养老护理从业人员的职业保障体系，从而提高养老护理从业人员的满意度。各类媒体应对尊老爱老的思想、养老护理从业人员的优秀事迹等加大宣传力度，积极引导社会舆论，提高养老护理从业人员的公众形象，营造关心、支持养老服务人才培养使用评价的良好的社会舆论环境，进而提高养老护理从业人员的社会地位，吸引高素质人才进入养老护理服务行业。

随着老龄化的不断推进和养老服务产业的迅速发展，需要建立一支能够支撑养老服务产业发展，职业道德标准高、业务素质能力强、服务质量水平优的专业化养老护理服务人才队伍。然而，我国对养老护理服务人员的教育培训体系的建立尚处在探索、研究阶段，专业化的教育培训、考核、监督、职业准入模式尚未形成。养老护理服务人才的培养是一项长期的、复杂的、不间断的系统工程，不可能一蹴而就，而是需要社会各界的努力参与，才能加速建立和完善我国各层次老年护理服务人才的培养，满足我国养老事业发展的要求以及老年人日益增长的养老需求。

## 二、各方共同努力构建养老服务人才队伍

为积极应对人口老龄化，实现养老服务人才培养的专业化，需要根据目前多样化的养老服务需求，结合养老服务产业自身的发展规律，从实际出发，以职业

培训和高职院校专业培养为重点，加快推进专业养老服务人才培养体系建设，尽快实现基本满足养老服务需求的目标。为了使人才培养与市场需求有效对接，需要改革传统的人才培养模式，促使政府、高职院校、研究机构、社会组织、社区和企业等用人单位发挥各自独特的优势，联合培养社会所需的养老服务人才。

### （一）政府相关部门要做好保障工作

1.教育部门要做好教育相关工作

教育部门应主要在养老服务专业设置和招生政策方面给予支持。其一，引导和鼓励普通高校和职业院校增设与养老服务相关的专业并扩大招生范围。比如，职业院校增设老年服务与管理、社会工作、健康管理、康复治疗技术、康复辅助器具应用等养老服务相关专业；普通高校设置康复治疗学、护理学、应用心理学、老年服务与管理和老年社会工作等本科专业；鼓励和支持有条件的高校在社会学、老年学、人口学、康复治疗学、家庭发展等学科领域招收培养研究生，适当增加社会工作等专业的硕士学位授权点数量。其二，出台优惠政策吸引和扩大生源，可参照“免费师范生”模式，对就读养老服务相关专业的大学生给予降分录取、学费减免、奖学金（助学金）优先评定等优惠政策。

2.财政部门要保障资金方面的支持

财政部门应主要通过政府购买和财政补贴的措施支持养老服务人才的培养。其一，政府通过向普通高等院校、职业院校、培训机构等购买养老服务培训，为养老从业人员提供多层级的培训，如对社会组织、社区、养老服务机构中的人员进行养老服务的政策法规、专业知识、项目运作、业务技能等方面的培训。其二，建立与办学规模和培养要求相适应的财政投入与保障制度，增加养老服务人才的职业教育专项经费，完善培训机构贴息贷款、融资机制，对职业培训教材研发、专业技能比武等基础工作予以财政支持。此外，通过税费减免等优惠政策吸引社会资本，兴办各类养老人才教育培训机构。其三，依托高校、职业院校和养老机构建设养老服务实习实训基地，对实习实训基地的建设、运营进行补贴，对学生或在职人员参加培训或相关资格考试，以及毕业生在相关领域求职给予一定的补贴。其四，要建立专项发展基金，关注养老服务人才个人能力成长，从立法、政策、财政、管理等方面推动养老服务人才全面发展。

3. 人社部门要做好激励工作

人力资源和社会保障部门应主要在入职补贴、职业技能补贴及薪酬等方面制定支持政策。

第一，实行入职奖励补贴制度。对普通高等院校、职业院校的毕业生从事养老服务相关岗位的且任职达到一定年限的，给予一次性奖励。

第二，完善养老从业人员职业技能培训补贴制度。将养老从业人员职业技能培训纳入就业培训计划，对符合培训补贴条件且经培训合格的，以及取得国家职业资格证书或专项能力证书的，进行培训补贴或职业技能鉴定补贴。建立养老从业人员在职培训误工补贴，促进在职人员参加培训。

第三，建立最低工资标准，提高工资福利待遇。目前养老服务工作存在社会认可度低、员工满意度低、离职率高的问题，可以通过提高工资指导价，实施特殊岗位津贴，开展职业技能竞赛或优秀养老人员评比等措施，调动养老从业人员的工作积极性。

第四，推行养老服务双证书制度。要加强对养老专业人才鉴定管理，加快建立养老从业人员资格鉴定制度与考核制度。专业相关课程的考试考核与职业技能鉴定统筹进行，推动职业院校学生在取得毕业证书的同时，获得相关职业资格证书。对于已取得养老服务相关职业资格证书且符合条件的从业人员，可由职业院校按相关规定择优免试录取，经考核合格后可获取相应学历证书。

第五，出台人才激励保障计划。由人社部门设计与养老专业人才劳动付出相符的薪酬保障体系，兼顾学历、业绩、贡献、能力等各个要素；对取得执业资格证书的人员实行持证上岗和等级待遇挂钩制度；完善各类保险和津贴补助，切实提高养老服务人才的工作待遇和社会地位，提高从业人员的职业成就感，让全社会认同养老服务工作，进而吸引更多优秀人才进入养老服务行业，稳定人才队伍；对长期从事老年事业的从业人员制定奖励机制。

4. 民政部门要保障人才的培养

民政部门应主要负责制定人才培养中长期规划及服务标准等。第一，科学制订人才培养中长期规划。人才培养规划决定着人才培养的方向，应基于对现实的调查和对未来的预测，制定养老服务人才培养的中长期规划。首先，应立足于我国国情，结合多元化的市场需求、我国经济社会的发展特点、老年人口的规模和结构，并和服务设施建设、社会保障体系建设、促进就业体系等相适应，制定我国养老人才队伍培养中长期发展规划。其次，制定人才培养规划，需要高职院校、培训机构等全面了解和掌握用人单位对养老服务人才的需求情况，可以采用座谈会、问卷调查等方法对用人单位的需求进行调研。同时，可以采用专家咨询法、文献查阅法等方法对养老人才的未来需求趋势进行预测。

第二，推进养老服务业简政放权、放管结合、优化服务改革。例如：降低创业准入的制度性成本，营造公平规范的发展环境，培育和打造一批品牌化、连锁化、规模化的养老服务企业和社会组织以吸纳养老服务专业人员；将养老从业人员的在职培训纳入各类养老服务星级评定范围，推动养老培训组织与养老服务机构长期合作，进而形成长期定向、专岗培训；制定养老服务标准，提升养老服务质量；鼓励用人单位细化养老服务人才专业等级考核定级制度，形成专业等级与待遇挂钩的激励机制。

### （二）院校要加强人才的培养与输送

普通高等院校和职业院校是培养养老服务人才的核心主体，养老产业是一项新兴产业和朝阳产业，针对养老人才供给不足的问题，高校需要充分发挥现有教育资源优势，与多元主体合作，联合培养养老服务人才。

1. 开设相关专业

高校应与用人单位通力合作，对养老服务机构、社区、社会组织的用人需求以及任职要求进行调查，并对未来的需求走向进行预测，根据市场需求开设养老服务相关学科和专业，包括老年服务与管理、医疗护理、心理咨询、康复理疗、营养与膳食、按摩保健、老年常见病与突发疾病处理、老年社会工作等专业。健全专业设置随产业发展动态调整的机制，通过培育专业学位研究生的方式逐步培养产学结合的综合型养老产业管理人才。通过免除学费等方式鼓励学生报考养老服务与管理专业，扩大招生规模。

2. 提升教师职业素养

教师是养老服务知识的传授者、行为的示范者、人才的培养者，良好的师资水平是培养养老服务人才的关键。对于教师，要加强在职培训以提升其教学、科研和实践能力。一方面，通过选派优秀骨干教师到我国发达城市的相关单位以及发达国家和地区学习先进的养老服务理念、技术和经验；另一方面，学校与专业培训机构、人社部门、民政部门等合作开展培训，聘请具有较高理论水平和丰富实践经验的专家授课。

3. 建设实训基地

高校应与养老服务机构、社区、培训机构、社会组织等合作，建设实习实训基地，为养老服务相关专业的师生提供实践平台。借鉴日本及德国双轨制的职业教育等国际经验，通过合理化课程结构和学时比例，增加专业实践教学，着重培养养老服务人才的职业能力，实现规范性化教学。同时，强化职业道德培训，引导养老服务人才树立牢固的理念和专业价值观。

4. 建立人才输送机制

高校需要加强与社区、社会组织、养老服务机构等用人单位的联系，加强就业咨询和就业指导，建立就业信息平台，将所培养的人才输送到相关组织，实现人才供给和需求的匹配。

### （三）与企业结合，构建实践平台

养老服务机构、社区、社会组织等用人单位在人才培养中也具有重要作用。

1. 加强实践型人才的培养

用人单位根据其工作实际情况发布养老服务人才需求信息、各类岗位的任职要求或用人标准，并将信息反馈给高职院校、培训机构等培养单位，为其课程设置、教学模式改革、师资队伍建设等提供参考。同时，用人单位也发挥着人才培训以及与培训机构、高校等联合培养人才的功能。在组织内部，采用学徒制、集中培训、远程培训、在线培训等加快提升在岗养老从业人员的技能水平；在组织外部，通过与培训机构、高校共建实习实训基地，和校内导师联合培养学生，提升学生理论联系实践的能力，并吸纳毕业生就业。

2. 制订相关激励措施

用人单位除了培养人才，还需要采取薪酬、晋升等激励措施留住人才。一方面，为了留住人才，用人单位需要对薪酬结构和薪酬水平进行调整，实现薪酬外部公平、内部公平和个人公平。外部公平是指与本地区同类的服务行业相比，本单位的薪酬水平具有竞争力，目的是防止人才流失。例如，为了激励养老服务社会工作者和社区工作者，北京、上海、广州、深圳等城市发布了相关政策文件，确保社会工作者和社区工作者的薪酬具有竞争力，这对养老服务人才的薪酬设计具有借鉴作用。内部公平是指不同部门不同岗位的薪酬结构合理，充分考虑不同类别、不同层次的岗位价值差异。个人公平是指薪酬与养老服务人员的绩效挂钩，认可员工的贡献。通过公平的薪酬待遇，提高养老从业人员的职业满意度，降低离职率。另一方面，可通过打通晋升通道来留住人才。大部分社会工作者、养老护理员离职的重要原因之一是觉得从事养老服务没有晋升机会，职业发展空间小。为此，用人单位需要完善管理机制，提供技术和管理双通道的晋升渠道；设立相关考核指标，使员工在组织中凭借自身的工作技能获得职级上的提升，并获得相应的薪酬增长；将具有管理潜能的养老从业人员提拔到管理岗位上去，使其通过管理晋升渠道获得职业发展。

## 第四节 完善养老模式 建设宜居环境

《国家积极应对人口老龄化中长期规划》明确提出“建设老年友好型社会”，将社会环境宜居友好作为积极应对人口老龄化的战略目标。2021 年颁布的《中华人民共和国国民经济和社会发展第十四个五年规划和 2035 年远景目标纲要》中的有关积极应对人口老龄化的部分强调：“推进公共设施适老化改造，推动专业机构服务向社会延伸”。在我国老龄化形势日益严峻的背景下，建设老年宜居友好环境设施对积极应对人口老龄化和提高老年人生活质量的意义重大。在老年宜居友好环境建设中，应注意对新的基础设施做好前瞻性的适老化设计，对旧的基础设施做好全面适老化改造。

### 一、在适老环境与设施的建设中融入适老理念

环境设施建设及适老化改造需贯彻新适老理念。老旧小区适老化改造和新建环境设施不仅要考虑老年人的需求，还应体现年龄包容性和全龄友好性。老旧小区改造是一个系统工程，应统筹考虑所有年龄、所有功能状况群体的需求特点，既要立足老年人的需求，又要充分考虑其他群体的需求。统一规划、同步建设养老、托幼、教育等各类公共服务设施，建设年龄复合型、通用型设施，满足个体从自立到终老的生活需求，囊括生活能够自理以及需要照顾的所有人群，提高全龄居民生活的便利性，形成多世代融合的社区。此外，充分利用社区的存量房产、

设施，依据集约建设的原则，促进社区资源的有效利用和交流。

以规划带动适老环境建设工作的全面开展，结合新农村和新型城镇化建设的进程，加快整体规划以及公共设施等专项规划。建立适合老年人需求的社会软硬环境，促进老年人与其他年龄层的共融发展。持续推进农村居家、社区、养老机构的适老化改造，改造空间应从家庭延伸到公共设施。切实保障老年人的生活需求，从居家适老化的建筑硬件改造、家居家装改造、康复辅具适配、智能居家产品，到公共区域的加装电梯、楼道地面防滑、出入口无障碍改造、加装安全助力扶手，再到社区适老化改造的车辆分流改造、加设休息座椅、夜间照明及康乐设施等，城市和农村应根据自身特点和需求响应进行适老化改造。

## 二、构建协调机制与政策支撑体系

### （一）加强与各部门之间的联合

以国家卫生健康委为指导总体适老环境建设的宏观调控部门，联合国家发改委、民政部、住建部、财政部、人社部、市场监管总局、交通运输部等多部门成立联合工作组，建立适老环境建设交流平台及配套沟通机制，并形成密切配合、应对有力、合力实施的长效工作机制。

### （二）制定适老化政策

推动卫健委、发改委、民政部、住建部、财政部、人社部、市场监管局、税务局、消防部门等方面的政策协同，形成老旧小区适老化改造的政策支撑体系。

一是加快政策更新，在编制公共服务规划、社区服务设施规划中增加适老性项目的内容和指标，在新建小区住房设计和建设中融入适老化元素。

二是研究制定适老化改造行政管理政策，制订适老化项目计划，出台审批流程及相关要求的管理细则，制定老旧小区适老化改造规划报建、用地、消防安全等管理细则，规范适老化改造项目的行政许可和产权登记制度。

三是完善多元主体参与机制。老旧小区改造需要政府、企业、居民等多元主体的协作参与，政府部门应完善相关激励政策，引导市场、公众积极参与，推进老旧小区适老化改造。一方面，补贴老年人（即需求方），探索建立围绕适老化改造的老年人住房保障政策，通过改造补贴的形式减轻老年人适老化改造的资金负担；另一方面，补贴供给方，激发市场积极性，将从事适老化评估、设计和施工的适老化改造企业认定为老服务企业，给予政策支持、财政补贴和税负减免，培育适老化改造市场。

四是出台激励适老化产品开发的优惠政策，推动整个适老化改造行业发展。老年人所需要的不仅仅是住宅的适老化设计和改造，还包括医疗、娱乐、运动等生活各方面的适老化产品，因此政府应有意识地推动整个适老化改造行业发展。随着各种适老化产品的研发和应用，老旧小区住宅和社区环境的适老化改造的内容和方向会更加成熟。

### （三）加强适老环境的人才培养

引入适老环境建设的职业资格证书培训项目。适老环境建设需要的人才属于要大力培养的高职专科学历层次及以上的专业人才，引入适老环境建设的职业资格证书培训项目，保证这一领域专业人才得到政府和社会的认可。

引进一批掌握适老设计、具有丰富实践经验的专业人才。鼓励内外资企业参与适老环境建设人才引进工作，积极开展高端人才引进计划，允许引进适老环境建设专业人才的企业优先参与我国适老环境建设。

培育适老环境建设创新创业的领军人才和创新创业团队。积极鼓励社会优质资本设立适老环境建设创新创业团队，培育适老领域创新创业的领军人才。鼓励房地产、装饰装修等产业积极尝试产业转型升级，实现夕阳产业的朝阳化。实施适老环境建设创新创业企业的税收优惠、运营补贴政策。

开展以国际理念和中国特色相结合的人才培训项目。鼓励优质教育培训机构开展以国际理念和中国特色相结合的适老环境建设人才培训项目。允许优质教育机构引进国外先进师资，探索中国特色适老环境建设培训教材，逐渐把国际领先的适老环境建设理念和技术本土化。

## 三、构建适老化环境建设的标准体系

适老化标准和规范的出台对于老旧小区适老化改造的规范发展具有非常重要的意义。应加快适老环境建设法治化，构建强制性适老化改造和适老环境建设规范和标准体系。

加大建筑设计及其室外环境适老化审查力度。组建建筑物适老化办公室，实施严格的建筑设计方案适老化审批和项目评估，建立适老化审批不合格修改办法和再评估机制。对于审批不合格、修改后再评估仍不合格的单位，禁止其办理建设工程规划许可证、建筑工程施工许可证和商品房预售许可证。

## 第五节　大力推进智慧养老发展

因为持续增加的人口总量，传统健康养老方式和资源配置手段面临巨大挑战，加快虚拟现实、大数据、人工智能等新技术在智慧养老领域的融合应用十分必要。智慧养老通过改变信息交流传递方式、强化资源配置整合力度、提升服务管理效率等手段，对现有养老服务模式存在的各种问题予以破解，推动养老模式创新发展。

### 一、智慧养老概述与发展益处

#### （一）智慧养老的概述

智慧养老是指面向养老机构的传感网系统与信息平台，并在此基础上提供实时、快捷、高效、低成本的，物联化、互联化、智能化的养老服务。服务对象是入住养老机构的全体老人。

服务内容是运用智慧养老服务管理信息系统，整合老年人能力评估、入住管理、智能卡一键移动报警、电子围栏、电子床垫动态监测、物业报修、手机 App 监控等，方便快捷地为老人提供服务管理。

服务目标是让入住老人充分享受智慧养老服务管理信息系统带来的便捷和舒适，提升老年生活质量。同时，也可以有效转变养老机构信息交流传递方式，显著提升管理服务效率。

#### （二）发展智慧养老的益处

智慧养老相比传统养老模式具有以下优势：①智慧养老体现了信息科技的集成，融合了老年服务、医疗服务、智能控制、计算机网络、移动互联等技术，这些现代技术的集成可以有效地支持养老服务与管理的需求。②智慧养老把老年人的需求作为出发点，通过高科技的手段、设施设备以及科学、人性化的管理方式，让老年人随时随地都能享受到高品质的服务。③智慧养老通过应用现代科学技术与智能化设备，在提高服务工作质量和效率的同时又降低了人力和时间成本，用较少的资源最大限度地满足老年人的养老需求。

## 二、智慧养老发展趋势

### （一）推进智慧养老标准化建设

目前我国的“智慧城市”建设进入高峰期，全国智慧城市试点数量在逐年攀升，与此对应的智慧养老也蓬勃发展起来。但是，由于顶层设计的规划不足，智慧养老行业的标准还未统一，导致市面上的产品质量参差不齐，稳定性不够。对此，国家、社会已经开始进行改善。统一化的智慧养老服务标准与法律规范和产业监督、评估机制，可以保障智慧养老行业的健康、稳定发展。

### （二）“互联网＋养老”与数据共享

2017 年印发的《“十三五”国家老龄事业发展和养老体系建设规划》中已经明确提出实施“互联网＋”养老工程。提出支持社区、养老服务机构、社会组织和企业利用物联网、移动联网和云计算、大数据等信息技术，开发应用智能终端和居家社区养老服务智慧平台、信息系统、App 应用、微信公众号等，重点拓展远程提醒和控制、自动报警和处置、动态监测和记录等功能，规范数据接口，建设虚拟养老院。2019 年发布的《国务院办公厅关于推进养老服务发展的意见》强调要实施“互联网＋养老”行动，推动智慧健康养老产业发展，拓展重点信息技术应用，制定产品及服务推广目录，开展试点示范，建设“智慧养老院”。2020 年 12 月发布的《国务院办公厅关于促进养老托育服务健康发展的意见》（国办发〔2020〕52 号）再次强调发展“互联网＋养老服务”，充分考虑老年群体使用感受，研究开发适老化智能产品，简化应用程序使用步骤及操作界面，引导帮助老年人融入信息化社会，创新“子女网上下单、老人体验服务”等消费模式，鼓励大型互联网企业全面对接养老服务需求，支持优质养老机构平台化发展，培育区域性、行业性综合信息平台。在《“十四五”民政事业发展规划》中，提出引导养老机构依托新兴技术手段，构建“互联网＋养老服务”和智慧养老模式，培育服务新业态。

智慧养老的推行需要有数据作为依托，而目前数据主要集中在政府和公共机构，对此应鼓励政府、医院各类机构共同搭建老年人信息公共服务平台，为不同信息来源的数据提供一致的、单一版本的正确数据，实现数据共享。同时，鼓励第三方网络平台开展在线健康测评，积极探索、有序推动个人健康信息资源的开放与共享，以打破“数据孤岛”，将共享和收集到的海量、零碎信息形成一个系统性的数据库，进行数据收集、存储、挖掘，充分发现数据的潜在价值。

**（三）智慧养老的人性化**

目前市面上设计的很多养老产品缺少针对老年群体的人性化处理，且大多数产品功能比较单一，特别是随身携带的产品，如果想要全面地进行检测，往往要携带大量的产品，增加老年人的使用负担，这也是众多产品无法很好地推向市场的原因。智慧养老产品的设计最重要的是要考虑老年人的生理特点和真实需求，在设计一些智能产品时，要方便、简单、可操作性强。除产品设计以外，还要通过对老年人进行培训，加强老年人对信息技术的了解与掌握，使其能更充分地利用智慧养老产品，提升生活质量。

**（四）智慧养老的情感化**

对于老年人，除了给予生活上的帮助外，更应该关注的是老年人精神上的需求。目前我国老年空巢家庭率已达 50% 以上，大中城市高达 70%，空巢现象直接导致了“老年人精神上缺乏归属感”。而现阶段，我国的养老服务还无法很好地满足这一要求，更多的是注重老年人物质和医疗护理方面的满足，忽视了其精神慰藉方面的需求。智慧养老不仅仅要把老年人当作客户，而要更多地注入情感，让更多老年人得到精神慰藉。要充分挖掘老年人丰富的人生经验、社会经验以及专业学识和能力等隐形资源，实现老有所为、老有所用，释放老年人群体的隐性智慧能量，弥补养老行业缺乏精神关怀的重大缺陷。

**（五）智慧养老与医养结合**

随着年龄的增长，老年人的身体机能不断下降，对医疗服务的需求不断增加。

如何在养老过程中便捷地获得医疗服务是我国目前面临的最大难题，特别是老年人由于行动不便，对上门服务的需求更加迫切。“医养结合”就是医疗资源与养老资源相结合，实现社会资源利用的最大化。其中，“医”不仅包括医疗救治服务，还包含康复保健服务等；“养”包括生活照护服务、精神心理服务、文化活动服务。利用“医养一体化”的发展模式，融医疗、康复、养生、养老等为一体，把老年人健康医疗服务放在首要位置，能够突破一般医疗和养老的分离状态，实现为老年人提供及时、便利、精准的医疗服务，从而满足老年人的整体养老需求。

随着城市老龄化、高龄化速度的加快，城市养老服务的供给压力会越来越大。在信息技术对各行各业的影响越来越大的今天，我们应认识到，要充分利用“物联网”“大数据”“互联网 +”的优势去解决目前我国居家养老服务发展中的问题。这不可能由单个养老主体独自完成，而是需要在政府的主导和统一规划下，企业积极参与协同创新，社会各方力量参与共同合作，这样才能实现为老年人提供及时、便捷、智能、高质量养老服务的目标，才能促进我国的养老服务事业持续健康发展。

## 三、推进智慧养老服务的意义

随着信息技术的发展，智慧化养老成为解决日益严重的老龄化问题的重要途径。按照国家健康老龄化规划，需要推进信息技术支撑健康养老，发展智慧健康养老新业态。充分运用互联网、物联网大数据等信息技术手段，创新健康养老服务模式，开展面向家庭、社区的智慧养老应用示范工作，提升健康养老服务覆盖率和质量效率。物联网、大数据、人工智能等技术的发展推动了养老行业的数字化转型。而养老的数字化转型改变了传统的老年照护模式，特别是为弥补护理人员的缺口提供了可行的解决方案。

第一，通过互联网技术，能够维持和提升老年人独立生活的能力。通过建立智能化社区服务驿站，可以通过线上线下相结合的方式推动互联网养老向深度发展。通过互联网、物联网相结合，能够有效解决养老院床位匮乏的问题，减少人工成本，实现远程监护。例如，基于云技术设计的老年健康管理设备，可以定期辅助老年人进行自我体检和自测，并根据检测结果为老年人提供个性化的健康干预方案。同时，还可以将相关数据同步上传至云端的个人健康档案，供签约的家庭医生参考，从而大大降低老年人的失能风险。再如，针对身体功能有障碍的老年人设计的智能辅具产品（移动辅助机器人、康复机器人等），仅需少量人力就能帮助老年人完成基本生活活动，并有效减缓老年人身体机能的衰退，使老年人能够持续独立地在家庭、社区等熟悉环境中生活。

第二，通过互联网技术，能够减少护理压力，提升护理效率。智慧养老能够改变传统意义上的老年照护，尤其是可以弥补护理人员的缺口，减少老年人对护理人员的需求。一些养老机构已引入了污物智能处理系统、防走失、智能床垫、检测跌倒智慧安防系统等，能够降低养老护理工作的劳动强度，从而保持养老护理员队伍的稳定性。智能技术产品及服务的使用，可以实现单位时间内护理老年人数量的提升和护理质量的提升，是缓解养老护理员离职率居高不下的有效补充。

第三，通过数据平台建设，能够提高包括护理人员在内的各种老年照护资源管理效能。智能终端可以发挥基础作用。老人及家人能够在平台上搜索和自己相适配的养老信息；对于政府和社会机构而言，既能够通过数据平台提升护理人员派单效率，以及实现质量控制，还能够通过详细追踪老年人大数据，使养老补贴资金及相关扶持政策制定更加有的放矢。

## 四、有效推进智慧养老的实施对策

智慧养老能有效推动我国健康养老服务水平升级，有助于提升健康养老服务的质量、效率和水平，因此智慧养老已成为我国大势所趋。伴随智慧养老需求的不断增长，人工智能也将持续渗透智慧养老领域。而智慧养老服务是一项长期的民生工程。面对日益增加的老龄化趋势，必须通过推动智慧养老发展，为老年人提供优质服务，从而提高老年人生活质量，积极应对人口老龄化。

第一，强化政府职能，加大智能养老政策的支持力度。对与智慧养老产业相关联的健康、医疗、养老、保险等产业发展做出详尽部署。制定相关政策，引导大数据、物联网、“互联网＋”等智慧养老关键技术应用，对接各级医疗机构和养老服务机构，为老年人提供精准高效的医养服务。通过制定相关方面的政策文件，引入社会资本，加大对技术的投资与研发力度。建设创新孵化平台，支持和鼓励智慧健康养老领域的众创、众扶、众包、众筹等创业支撑平台建设。建立智慧健康养老产业发展省部级联席会议制度，统筹推进智慧健康养老产业发展各项工作。在产业规划中尤其要利用科技手段进行智慧养老，积极、优先、主动让科技应用服务老年人。鼓励企业发展智慧养老服务，研发高科技产品、便携的资源共享平台。完善各类资金投入，培育规范市场。设立智慧养老产业发展引导专项基金，通过政策扶持为智能化养老产品的研发和智慧养老平台的搭建助力。向提供智慧养老的企业提供税收优惠、资金补贴，对于有条件的街区为选择智慧养老的老年人提供一定的养老补贴，推动智慧养老产业发展。

第二，建立互联网养老综合服务平台，搭建大数据共享平台。智慧养老平台及系统是依托信息化、智能化等新一代信息技术，如物联网、云计算、移动互联网等技术，通过对老年人服务需求信息的感知、传送、发布和对服务资源的整合共享，将医疗服务、运营商、服务商、个人、家庭连接起来，满足老年人多样化、多层次的养老需求。因此，网络基础设施十分重要。要加强宽带网络基础设施的建设，尽快覆盖家庭、社区及机构的智慧健康养老服务的网络。一是加快“互联网＋”养老产业公共信息平台建设。由政府主管部门牵头，搭建省、市一级的“互联网＋护理服务”平台，打通政府、医院、养老机构或社区之间的信息通道。二是建设技术服务平台，鼓励行业领军企业、社会组织建立各种智慧健康养老产业研发创新中心、技术服务平台。三是筹建养老行业大数据库，梳理充实养老行业大数据，向养老企业分享数据资源。四是整合现有的健康信息、养老信息等不同区域分散的信息平台，建设统一的健康养老信息共享服务平台。利用大数据产业优势和机遇，加强政府、金融机构、养老机构、互联网企业、社区管理部门、医疗机构等与养老相关的机构之间的信息共享。将老年人的个人信息、健康状况、金融需求、生活服务需求等情况纳入信息共享平台，为政府、金融监管机构、医疗机构、养老机构等对全市老年群体的各项需求和管理提供数据和管理参考。同时，养老产业关注者可以通过平台更多地了解行业相关政策法规，以及行业动态、同业数据、技术支持等。五是积极设计适合老年人的简单、易操作的应用程序及智能电子设备，推动远程服务能够及时准确地同步到“互联网＋护理服务”平台。

第三，积极培育智慧健康养老服务的新业态。凸显市场能力，培育智慧养老领军企业。通过打造穿戴式智慧养老智能终端、移动式智慧养老智能终端、便携式智慧养老智能终端、固定式智慧养老智能终端、非接触式智慧养老智能终端、无意识触摸式智慧养老智能终端，高效地为老年人提供全方位、多层次、多元化的养老服务。支持企业研发与养老相关的高科技产品，不应止步于心率手环等简单的养老产品，突破智能健康养老终端的核心技术，积极开展医疗健康电子产品及系统的研发，推动企业针对个人、家庭机构等不同环境提供健康养老服务产品供给，促进居家养老、健康保健等智能终端与系统完善。加强企业与社区、养老机构对接。注重老年人的使用反馈，及时根据老年人需求对服务系统进行更改、完善。打通养老服务进入家庭和社区“最后一公里”。加强服务与需求的对接，针对老年人多元化养老服务需求，大力支持企业开发适合居家养老产品以及服务模式。强化政策与市场对接，大力支持开展智慧健康养老服务方面的应用示范，吸引养老企业进驻各类养老服务设施。推进智慧健康养老的商业模式创新。探索民办、公助等多种运营模式，推广智能居家养老服务模式。此外，充分利用区块链技术，将医院、疗养机构、医生、药品配送企业和老年患者连成一个数据网，实现线上线下互动、远程服务和可穿戴设备的连接，便捷地为老年人提供一站式健康管理服务；利用区块链技术的不可篡改可追溯、高透明等特性，将养老机构、医院、社区养老等相关机构组织作为节点接入区块链网络，打造多方共赢的“区块链＋养老”服务体系；利用区块链技术，以家庭医生签约服务为支撑，以基层医疗卫生机构为平台，根据老年人健康状况和服务需求，分层分类设计签约服务包，嵌入式社区养老护理；通过区块链技术，由护理人员负责访问、记录和维护数据，使护理人员能够更加确信数据的准确性和一致性，从而改善对病人的护理，增加医养结合服务的透明度；利用“区块链＋养老”监管审计功能，还可以对存证数据进行审核审计。

第四，健全相关法律法规，建设完善的行业标准和监管体制。由于智慧养老产业起步较晚，相关的法律法规不健全，虽然宏观上对我国的智慧养老系统有了规划，但缺乏细致的法律法规去解决具体的问题。因此，必须加快制定智慧养老的相关法律法规及具体实施措施。智慧养老需要完善的制度体系、科学统一的行业标准和行之有效的行业监管保障。要抓紧建立与智慧养老相配套的服务监督和评估机制，完善相关法律法规，并推动全面落地落实，保证制度体系和标准规范运行得系统、有效、可持续。

第五，探索以互联网为依托的养老金融产品及服务体系，开展养老金融产品和服务创新。一是通过政府引导，加大金融对养老消费市场和企业的支持力度。

引导和推动金融机构开展养老金融信息数据库建设，将养老金融信息纳入养老金融信息基础数据库，提高金融机构和养老企业投融资的核心竞争力。给予金融机构、社会资本一定的激励和扶持政策，包括财政贴息、税收减免、信用担保、风险补偿等鼓励政策，探索建立养老发展基金的专业化担保机制。二是依托大数据产业优势，推进“大数据＋养老产业＋金融”的深度融合发展，加强政府养老部门、金融监管部门风险识别系统、银行风险管控系统、保险机构等与养老相关机构间的信息共享，实现金融与养老相关部门和企业的风险监管全覆盖。三是建立养老金融政法联动机制，增强养老金融监管合力。完善养老金融突发公共事件应急预案，健全养老金融风险预警体系和处置体系。四是建立健全养老金融风险补偿机制，如成立养老金融政策性担保公司，设立养老金融补偿基金，帮助养老企业增信融资，通过多种方式为养老企业提供融资和分担风险。五是鼓励社会资本参与智慧养老相关产业发展，通过多种融资渠道建立智能化社区服务驿站，积极引入专业互联网企业开展护理站和社区驿站建设，为社区嵌入式的养老机构补齐护理服务短板。六是加大对老年群体防范金融风险的宣传力度，加强老年人对金融风险的识别能力。

第六，依托社区服务平台，强化智慧养老服务宣传，提高老年人的信息技术水平。养老社区属性决定了社区在智慧养老中的地位。智慧养老的主要形式是智能家居产品的运用。要依托社区服务平台，运用物联网、人工智能、大数据等技术精准对接老年人需求和服务资源，方便为老年人提供精准化、个性化、专业化服务，推动智慧养老发展。建设智慧养老社区将成为智慧养老的主要发展目标。以社区为单位，采取各种有效方式帮助老年人了解互联网，向老年人传达新型的网络技术。也可以通过对老年人家人、子女、赡养人进行宣传普及，确保每个家庭的老年人都能参与到网络平台中来。通过智慧养老服务宣传，推动老年人融入互联网社会。政府可以联合或指导专业机构开展老年人信息技术课程培训，或建立老年人专业信息技术教育学校，同时发动基层机构和志愿者组织帮助老年人了解智能设备的操作，并根据老年人的认知水平开展课程培训，使老年人能够真正从心里接受智慧养老产品，提高老年人对智慧养老产品的认同感、接受感，促使老年人深入体验智能养老模式，具备使用互联网的基本能力，提高智慧养老的普及程度。

第七，建立健全养老专业人才的培养体系，培育专业人才队伍。智慧养老的服务人员、智慧养老产品设计者及相关政策制定者，关系着智慧养老的服务水平、关系着智慧养老产品是否符合老年人的实际需要、关系着养老政策和行业标准的科学性与可操作性。因此，政府应推进对智慧养老专业人员培养的相关工作，积极拓宽专业人才培养渠道，同时通过加大对智慧养老产业的扶持力度，增强智慧养老市场对人才的吸引力。此外，政府和企业也可以通过市场化手段引进优秀专业人才，加快专业人才队伍的建设。严格制定从业人员资格能力标准，加强监管。重视对互联网护理服务人才的培训与考核，从业资格标准必须由相关部门的严格规范来约束，并规范其专业技术水平和职业道德素质。建立完善的持证上岗制度，开展定期专业服务技能考评，确保“互联网 + 护理服务”能力和质量。密切关注“互联网 + 护理服务”发展状况，采取有效措施防范和应对可能存在的风险，引导“互联网 + 护理服务”规范开展。

第八，加强智慧健康养老服务网络安全保障。智慧养老的网络信息安全应该放在重中之重。人的生命健康信息不同于其他个人网络信息，涉及病情、隐私等各种敏感领域，出现信息泄露的风险也比较高，因此要加强对老年人隐私的保护，制定相关法律法规来保护老年人生命健康信息的传播和收集，避免隐私泄露。严格规范信息管理，进行更高强度的网络信息安全监管技术，并且加强智慧健康养老服务平台的数据管理和维护，进行严格的安全管控，不定期进行安全检测，保证平台安全。对于智能产品将会收集哪些信息、用于什么用途等，应该向老年人及其家属介绍清楚，并取得老年人及其家属的同意才能进行。加快推进养老金融信息管理系统的建设，建立养老金融风险管理数据库，建立健全互联网养老领域的金融风险防范体系。严格规范信息管理行为，切实保护老年人的信息安全。

第九，开展智慧养老应用试点工作。2017 年，工业和信息化部办公厅、民政部办公厅、国家卫生计生委办公厅等联合发文启动了智慧健康养老应用试点示范，希望通过试点支持建设一批示范企业、示范街道（乡镇）、示范基地，推动智慧健康养老产品和服务的提供与应用。智慧健康养老应用试点示范具体内容是：支持建设一批示范企业，包括能够提供成熟的智慧健康养老产品、服务、系统平台或整体解决方案的企业；支持建设一批示范街道（乡镇），包括应用多类智慧健康养老产品，为辖区内居民提供智慧健康养老服务的街道或乡镇；支持建设一批示范基地，包括推广智慧健康养老产品和服务、形成产业集聚效应和示范带动作用的地级或县级行政区。《智慧健康养老产业发展行动计划（2021—2025年）》中提出："在现有试点示范的基础上，面向不少于10个应用场景，再培育100个以上示范企业，50个以上示范园区，150个以上示范街道（乡镇）及50个以上示范基地，进一步强化示范引领效应。"

## 五、智慧养老服务平台的实施模式

基于不同的顶层设计和平台构架，智慧养老服务平台的实施模式不尽相同。近年来，从国内不同地区的探索经验看，各类实施模式各有特色，都有其适用的领域与地区，也都有成功的应用。平台的实施模式可以多种多样，无须统一为一种或少数几种固定模式，应坚持适用原则，发挥适用效用。一般来说，可以从接入模式和建设模式两个方面来具体探索平台的实施模式。

### （一）平台的接入模式

智慧养老服务平台的接入模式非常多，既有线下很少使用信息技术的实体接入模式，也有充分利用各类智慧设备的线上接入模式。针对不同养老条件和对象，不管是线上接入模式，还是线下接入模式，均能发挥积极作用。

1．面对面接入

虽然信息技术在养老服务领域的普及速度非常快，但依旧有不少地区和机构采用线下接入模式，这种模式还将在未来较长一段时间内存在。线下接入模式主要适用于那些网络信息技术水平不高的人群。线下实体接入一般采用面对面交流模式，养老服务组织或个人从老年人的需求着手，通过问卷调查、个案访谈等方法收集老年人的个人信息与服务诉求，然后对收集到的数据进行整合，并相应调整服务内容与手段，最终为老年人提供周到的服务。这种人人互动接入模式的人文关怀较高，养老服务人员与老年人每天都可以进行面对面的交流，还可以及时为老年人提供一些基本的护理服务，非常贴合老年人的需求。

2．以电话为媒介接入

电话接入模式是目前普遍使用的一种模式，是指老年人以电话为媒介与外界养老服务组织或个人进行沟通。一般来说，目前主要存在三种电话接入模式，分别为普通电话接入模式、三方电话接入模式、一键通电话接入模式。普通电话接入模式是指老年人可以通过拨打养老服务热线电话获取相关信息与服务，没什么特别之处。三方电话接入模式是在普通电话接入模式的基础上进行了一定的改良，把老年人、街道/社区和养老服务供应商连接在一起，一旦老年人拨打服务需求电话，街道/社区和养老服务供应商可以同时接听电话，不仅能为老年人提供更为全面周到的服务，也方便街道/社区对养老服务供应商进行监督管理。一键通电话接入模式是目前使用最为普遍的一种模式，是指专门为几个特殊按键预先设置好电话号码（一般为2～3个特殊按键），老年人只需按键即可轻松接入街道/社区、养老服务机构或家人。经过多年的发展，一键通电话接入模式发展较为成熟，老年人通过一键通不仅能随时获取生活起居方面的照料服务，在遇到危急情况时还可紧急求助，能在解决老年人生活不便上发挥重要作用。

3. 通过网页接入

网页接入模式是指老年人以网页为媒介，在互联网上获取相关养老服务信息与服务。这种模式对老年人的计算机使用能力有较高的要求，适合那些经常使用计算机的老年人。由于绝大部分养老服务供应商都会通过网络进行产品的宣传、推广与销售，老年人可以在网络上浏览自己需要的产品与服务，并可在网上下单获取养老服务。随着智慧手机的普及，网页接入模式逐渐拓展到移动手机端，主要以App（手机应用软件）为媒介，让老年人在移动端能够更便捷地查看信息和获取服务。移动手机端对老年人的要求更高，不仅要求其熟悉互联网，还要求其熟悉不断更新的智慧手机操作，难度较大。总体而言，网页接入模式对老年人来说，操作要求和难度较高，就目前来说难以大面积推广。但是随着越来越多高学历、高素质人员加入老年人大军，网页接入模式未来必然具有较大的发展前景。

4. 以微信的形式接入

微信是当下中国最为流行的社交网络平台，也是广受老年人欢迎的社交平台。因此，完全可以充分利用微信构建为老年人提供服务的智慧养老平台。一般来说，微信接入模式主要有三种形式，分别为微信群、微信订阅号和微信服务号。微信群模式是以微信群为媒介，主要依据兴趣、功能等对老年人进行分类、分级管理。老年人可根据自己的喜好自由加入功能多样的微信群，在微信群里，老年人之间可以就共同的话题随时互动交流，养老服务供应商可有针对性地为老年人提供服务，街道 / 社区可以便捷地对养老服务组织或个人进行监督管理。微信订阅号和微信服务号是微信公众号的两种具体模式，都是以微信公众号为媒介。其中，微信订阅号主要用于发布相关养老信息与服务，微信服务号除了发布信息外，还能设置一些菜单选项，方便养老服务组织与老年人之间进行一些简单的交互。总体来看，微信接入模式具有上手操作简单、覆盖范围广的优势，街道 / 社区、养老服务组织与个人、老年人及其家人等都可以通过微信录入信息、获取信息，正成为不少地区重要的接入模式。

### （二）平台的建设模式

在弄清楚智慧养老服务平台的构建与接入模式后，下面将简单介绍目前主流的几种平台建设模式。在建设平台的过程中，市、区、街道 / 社区是三个重要的层级，在不同层级上建立智慧养老服务平台，平台开展养老服务的效率与效果将会存在显著差异。

1．独立分散式

独立分散式建设模式是指某城市的养老信息化水平非常低，基本未开展起来，不仅各区对平台的构建无统一标准和要求，各街道 / 社区也是各自为政进行探索。在这种建设模式下，各街道 / 社区无须向区对接发送相关养老信息，区也无法对街道 / 社区进行监督管理。市、区、街道 / 社区各自根据自身需求建设智慧养老服务平台，各平台不仅信息无法互通，还存在较为严重的功能重叠现象，最终导致各平台的运行效率较低。这种建设模式的效率低，但在不少养老服务信息程度较低的地区较为常见，随着智慧养老服务的推进，这种各自为政的建设模式将会逐渐退出历史舞台。

2．关联集中式

关联集中式建设模式与独立分散式建设模式恰好相反，其在平台建立之初就考虑到市、区、街道 / 社区的信息对接整合问题，各级平台之间可进行信息对接和数据共享。这种集中统一的建设模式能够有效规避“信息孤岛”、重复建设等问题，但也存在一些不足之处，主要体现在以下两个方面。一方面，虽然智慧养老服务将成为未来主要的养老服务提供方式，但目前国内大部分地区的养老信息化程度还不高，养老领域的信息化基础设施建设较为薄弱。在这一前提下，即使在区这一层级建立集中统一的智慧养老服务平台难度都非常大，更谈不上建立市级统一平台。另一方面，即使有能力建立市或者区级集中统一平台，但严格按照一套模式建立各街道 / 社区分平台，忽视了各街道 / 社区的特色与优势。这虽然凸显了集中统一性，但容易忽视差异性；虽然建设时省时省力，但运行实际效果往往不高。

3. 统一自选式

统一自选式建设模式是指全市 / 区在充分掌握各街道 / 社区的特色前提下，建立一个统一的智慧养老服务系统，这个系统中既包括必选的统一功能模块，也包括自选的特色功能模块。这种建设模式是目前较为合理的模式，不仅规避了独立分散模式的重复建设问题，也解决了关联集中模式的个性缺乏问题。建立统一的智慧养老服务系统，有利于实现信息对接共享和统一监督管理。各街道 / 社区自选建立特色功能模块，有利于突出各地优势与特色，更能满足老年人的差异化需求。总体来看，随着养老信息化的不断普及，这种建设模式将成为主流的平台建设模式。

# 参 考 文 献

[1] 于建明 . 政策视角下的中国养老服务体系研究 [M]. 北京：中国社会出版社，2021.
[2] 李彤 . 养老服务标准化：扬州曜阳国际老年公寓的实践 [M]. 上海：上海财经大学出版社，2019.
[3] 郭倩，王效俐 . 基于财政补贴的养老服务市场供给策略研究 [M]. 上海：同济大学出版社，2021.
[4] 邱建伟，纪琼骁，尚世睿 . 养老服务机构管理者培训 [M]. 北京：中国协和医科大学出版社，2020.
[5] 孔卫东 . 居家养老服务 [M]. 青岛：中国海洋大学出版社，2017.
[6] 黄匡忠 . 无缝社会养老服务体系探索：从珠海看中国社会养老模式 [M]. 广州：中山大学出版社，2017.
[7] 林淼，张艳妮 . 社会养老服务体系建设与治理 [M]. 湘潭：湘潭大学出版社，2022.
[8] 温海红 . 我国城镇社会养老服务体系的完善与发展：基于陕西省的调查分析 [M]. 西安：西安交通大学出版社，2019.
[9] 吴炳义 . 医养结合背景下养老机构老年人生活质量评价研究 [M]. 北京：中国人口出版社，2018.
[10] 陈斯华 . 居家养老与社区管理 [M]. 北京：中国财富出版社有限公司，2022.
[11] 张羲和，王立国 . 我国社会养老服务体系法制化建设研究 [J]. 长沙民政职业技术学院学报，2022，29（4）：71–74.
[12] 韩冰 . 人口老龄化背景下社会养老发展路径探析 [J]. 国际公关，2022（15）：16–18.
[13] 曾起艳，何志鹏，曾寅初 . 老年人居家养老服务需求意愿与行为的悖离分析 [J]. 社会科学文摘，2022（6）：90–92.

[14] 孙菊先 . 浅述我国养老服务体系发展及其演进 [J]. 中国集体经济，2022(18)：161-164.
[15] 马平西，张风巧，李宜澄，等 . 乡村振兴背景下农村社会养老服务建设研究 [J]. 统计与管理，2022，37（5）：110-117.
[16] 肖来付 . 人口老龄化背景下养老服务人才培养路径与对策 [J]. 机械职业教育，2022（4）：5-8.
[17] 林宝 . 康养结合：养老服务体系建设新阶段 [J]. 华中科技大学学报（社会科学版），2021，35（5）：9-18.
[18] 刘庆斌 . 国外养老服务体系建设的经验借鉴及对我国的改革建议 [J]. 社会福利（理论版），2021（3）：26-33.
[19] 孙冰怡 . 我国社会养老服务体系发展与挑战 [J]. 法制与社会，2020（35）：113-114.
[20] 徐智华，赵靖，田力扬 . 我国居家养老服务的困境及其法治化路径 [J]. 科技智囊，2022（5）：38-45.
[21] 张强 . 泰安市 E 县政府扶持社会养老机构发展问题研究 [D]. 济南：山东大学，2022.
[22] 赵颖文 .W 县农村养老服务体系建设研究 [D]. 咸阳：西北农林科技大学，2022.
[23] 倪莹莹 . 泉州市政府购买社会养老服务研究 [D]. 泉州：华侨大学，2022.
[24] 刘惠 . 公立医院主导型医养结合模式的问题研究——以山东省 X 市为例 [D]. 济南：济南大学，2020.
[25] 云梦可 . 我国医养结合养老机构发展困境研究——以 G 省医养结合养老机构为例 [D]. 长春：东北师范大学，2020.
[26] 陈瑞 . 新时代昆明市养老机构发展研究 [D]. 昆明：云南财经大学，2020.
[27] 张振 . 河南省公建民营养老机构发展研究 [D]. 福州：福建师范大学，2020.
[28] 罗若尘 . 中江县农村社会养老中基层政府履职问题及完善对策研究 [D]. 成都：电子科技大学，2022.
[29] 王铮 . 山东省农村居民养老方式选择研究 [D]. 泰安：山东农业大学，2022.
[30] 杨燕 . 老龄化背景下社会保障制度的可持续性及减贫效果研究 [D]. 长春：吉林大学，2022.